学校を変える

―浜之郷小学校の5年間―

著者代表　大瀬敏昭
監　　修　佐藤　学

小学館

茅ヶ崎市章

浜之郷小学校正面

浜之郷小学校校歌

かぜのしらべに

佐藤　學・作詞
三善　晃・作曲

かぜのしらべに　くさはささやく
こずえのさきにも　ひびくうたごえ
しなやかに　たおやかに
いのちのいぶき　かわしあう
浜之郷　浜之郷

みずのながれに　くらしはめぐる
こころをくだいて　まなびよろこぶ
さわやかに　かろやかに
いのちのときを　きざみあう
浜之郷　浜之郷

そら　あおく　うみ　はるか
きぼうのかがやき　かげをたたえて
ひそやかに　あざやかに
いのちのかたち　うつしあう
浜之郷　浜之郷

どんな困難や問題にぶつかろうとも、
最善の協力と協同を実現する〈活動のシステム〉、
学校のあらゆる活動が学びの実現に組織される
〈活動のシステム〉を構成すること。

どの教室でも子ども一人ひとりの尊厳が樹立され、子どもの学びと
教師の教育活動には、教材と子どもに対する誠実さが
充溢している。
学び合う共同体を支えるのは「公共性」と「民主主義」の
二つの原則である。

装画　絹谷幸二
（ヴェネツィア炎々・船出）
装丁　ＣＳＪ（大野鶴子）
ＤＴＰ入力　吉野工房
編集協力　佐々木美幸
真英社

学校を変える
浜之郷小学校の5年間

目次

佐藤　学教授

【プロローグ】学校の奇跡

――始まりの永久革命――

東京大学　佐藤　学

(1)学校の風景

浜之郷小学校の5年間の軌跡は奇跡の5年間であった。その豊穣な出来事を一冊の本で表現することは不可能である。私が浜之郷小学校で経験し学んだことに限定したとしても、百科全集ほどのページ数が必要だろう。わずか5年の間に、浜之郷で仕事を共にした教師たちは約60人、学んだ子どもたちは1300人以上、教育実践に参加した親や市民は1000人近く、そして来訪した教師たちは20000人以上になる。毎年「浜之郷スタイル」で学校改革に挑戦する学校は1000校を超えている。そのそれぞれの学校は、それぞれの教室で数え切れない物語をつむいできた。浜之郷の教育は、テレビや新聞や雑誌でも毎月のように報道され、同校の挑戦を報告した書籍は10万近い読者を獲得してきた。さらに「Hamanogo School」の名は海外にも広く知られ、アメリカや中国や台湾の教師たちがツアーを組んで研修に訪れ、アメリカやイギリスや韓国や台湾の教育研究者が調査に訪問し、OECD（経済開発協力機構）は「成功した学校改革の典型事例」として調査団を準備したこともある。「創学の理念」どおり、浜之郷小学校は、学校内外に「学びの共同体」の網の目をつむぎだしてきたのである。

これほど大きな反響を呼び起こすとは、同校の創設をパイロット・スクールとして企画した茅ヶ崎市教育委員会も、大瀬敏昭校長を中心とする同校の教師たちも、そして同校の挑戦をデザインし改革に協力してきた私自身も予想していなかったことである。

いくつかの謎をとく必要がある。浜之郷小学校を訪問した人は誰でも知っていることだが、浜之郷の挑戦は、華々しい取り組みでもなければ新奇な改革でもない。訪問者を圧倒する授業が展開されているわけでもなければ、格別に優れた教師たちや子どもたちがいるわけでもない。むしろ逆である。浜之郷小学校が追求してきたことは学校が学校らしく甦ることであり、教師が教師らしく仕事を遂行することであり、子どもが子どもらしく学ぶことであり、親や市民が親や市民らしく学校の挑戦に協力することである。いたって地味で平凡で日常的な取り組みなのである。その挑戦の何がそれほど人々を魅了してきたのだろうか。

浜之郷小学校を訪問した人々はまず、学校の静けさに驚く。７００名前後の子どもが学び憩い交わっているにもかかわらず、教室では小さな声が風のささやきのように響き合っており、教室を少し離れた職員室や校長室あたりは休日のような静けさである。訪問者たちは、教師や子どもの声や身振りのしなやかさと柔らかさにも驚くだろう。自然な身のふるまいが心地よく、それでいて一人ひとりの内側には弾むようなスピリット（気）が充溢しており、そのスピリット（気）の交わりが学校という有機体のうねるようなエネルギーを生み出している。

50回近く浜之郷を訪問してきた私でさえ、いつも驚く事実がある。どの子どももどの教師も固有の表情をもち、どの教室のどの場面も風情があって、絶好の写真の対象になる風景なのである。人と環境が場を構成し、個が個として佇立し個性と共同性が相補い合って、特有の風景とリズムを生み出している。

⑵改革の哲学と方略

浜之郷の5年間の改革は何の挑戦だったのだろうか。その問いに答えるには、私自身の浜之郷との協同が何の挑戦だったのかを語らなければならない。

6年前の1997年、茅ヶ崎市教育委員会から「21世紀の学校」を標榜する「パイロット・スクールづくり」への協力の依頼を受けたとき、私の構想の中では次の骨格が定まっていた。

①21世紀の学校を「学びの共同体」として構想する。学校は子どもたちが学び育ち合う場所であり、教師たちが専門家として学び合う場所であり、親や市民が学校の教育実践に参加し連帯して学び合う場所である。

②「学びの共同体」としての学校を築くためには、すべての教師が教室を開き合い、授業の事例研究をとおして学び合う同僚性（collegiality）を築かなければならない。

③教室に学び合う関わりを築き、職員室に専門家として学び合う同僚性の関係を築くためには、聴き合う関係とそこから生まれるダイアローグ（対話）の関係を築かなければならない。聴き合う関係はダイアローグの言葉を準備し、ダイアローグの言葉は学び合う関わりと民主主義の実践を準備する。

④「学びの共同体」としての学校は、学校の教育活動に対する親や市民の参加と連帯によって支えられる。この課題を遂行するために親や市民が授業に参加し教師と協力して子どもを育

て合う「学習参加」の実践を組織する。

学び合う共同体を支えるのは「公共性」と「民主主義」の二つの原則である。「公共性」とは、お互いに壁を開き合って異質な文化を交流し合う空間を築くことであり、「民主主義」とは、子ども、教師、親一人ひとりが主人公となって「多様な人々が共に暮らす生き方（a way of associate living＝John Dewey）」を実践することである。「学びの共同体」という理念と同時に、学校改革を成功させるためには、改革を推進する基本的な方略が必要である。その基本的な方略は次のように定式化された。

①学校は内側からしか変わらない。しかし、学校改革は外からの支援がなければ持続することができない。

②学校の改革は、手間暇を惜しまず、時間をかけてゆっくり推進しなければならない。学校改革は10年単位の事業であり、最低でも3年の取り組みを必要としている。（革命的（revolutionary）に思考し、漸進的に（evolutionally）変革すること）。

③改革のエネルギーは同一性からは生まれない。学びを生み出す差異の中で改革のエネルギーは生み出される。したがって、授業においても研修においてもカリキュラムにおいても学校運営においても、あらゆる同一性と闘い、子ども、教師、親一人ひとりの個性と多様性を尊重しなければならない。

④学校改革の中心は、子どもと教師と親一人ひとりの学びを実現し保障するところにある。したがって、学校改革の実践は、教室の事実にもとづく授業の事例研究を基盤として推進されなければならない。

(3)システムの改革

浜之郷小学校の挑戦は、どのような特徴を示しているのだろうか。学校改革の歴史を振り返ると、大正自由教育以来、さまざまな地域で多様な学校改革の挑戦が行われてきた。その挑戦は現在も続いている。それらの先行事例と比較すると、浜之郷小学校の挑戦は、次の諸点でこれまでの学校改革には見られない特徴を示している。

第一は、改革の目的を学びの権利の実現に求めた点である。浜之郷小学校の改革の目的は、「優れた授業」を創造することでもなければ、模範的な「カリキュラム」を開発することでもない。浜之郷小学校の改革の目的は、一人ひとりの子どもの学ぶ権利を保障し、その学びの質を可能な限り高めることにある。誰一人として学びから疎外される子どもがいない学校、誰一人として学びから逃走する子どもが出ない学校を築くことが、学校改革の中心目的である。一人ひとりの子どもの学ぶ権利を保障し、その学びの質を高めることは、教師と親の責任であり、学校の使命である。この目的の実現のために、浜之郷小学校の子ども、教師、親は、できることのすべてに挑戦してきた。

その結果、浜之郷小学校は、開校時には約20名の不登校の子どもを抱えてスタートしたが、半年後には一人残らず教室の学びに参加するようになり、以後、今日にいたるまで就学に困難を抱える多数の子どもたちを一人残らず学びへと誘う成果をあげてきた。その奇跡とも言える成果は、この改革の生命線がどこに求められたかを物語っている。

第二は、教師たちが専門家として学び育ち合う学校（教職専門開発学校＝professional development school）として機能してきた点である。これまでも多くの地域で改革の拠点校はつくられてきたが、それらの学校は優秀な教師を集めて組織された特別の学校であった。浜之郷小学校は、創設当初から、教師の力量、経験、性別、年齢などにおいて平均的な学校を標榜してきた。公立学校のパイロット・スクールとしての同校は、教師の構成においても平均的である条件を自らに課してきた。それだけではない。浜之郷小学校は、茅ヶ崎市の学校改革の10年計画の推進校であり、市内の他の17の小学校と活発に人事交流を行う使命を帯びている。事実、6年目を迎えた現在、開校当初から勤めている教職員は13名であり全体の3分の1である。しかも、教頭も研修主任も3人目であり、創設時のリーダー格の教師のほとんどは他校に転出し、多くの教師が転入するとともに、新任として着任した6人の教師が同校を支えている。浜之郷は、優秀な教師をそろえた地域の拠点校ではなく、教師が専門家として学び育ち合う地域の拠点校として機能してきた。

一人ひとりの子どもの学びを保障し、一人ひとりの教師の専門家としての成長を保障することは、言葉で言うのは簡単だが、決して容易なことではない。率直に言って、毎年4月から6月は

って、浜之郷は「始まりの永久革命」を実現してきたのである。不安と心配の連続であった。しかし、その不安と心配と格闘し、常に出発点に立ち戻ることによ

その奇跡の秘密はどこにあったのだろうか。その秘訣は、どんな困難や問題にぶつかろうとも、最善の協力と協同を実現する〈活動のシステム〉にあったと思う。浜之郷小学校は、創設当初から「学びの共同体」を標榜し、子どもと教師の学び合いを疎外するすべての要素を除去し、学校のあらゆる活動が学びの実現に組織される〈活動のシステム〉を構成してきた。その〈活動のシステム〉は次の要素で構成されている。

①教室において、活動的で共同的で反省的な学びを追求する。学びは、対象世界との対話〈文化的実践〉と他者との対話〈対人的実践〉と自己との対話〈自己内的実践〉が三位一体となった活動である。この哲学により学びの対話的実践を教室に組織する。その基盤は柔らかな声と身体による〈交わり〉にあり〈聴き合う関係〉にある。浜之郷小学校では、全校700名が集まったときでさえ、「静かに!」という教師の指示は聞いたことがない。誰かが話し出すと、誰もがすっと耳を傾けて聴いている。

②学びを学校生活の中心として、チャイム、全校集会、校長訓話、反省会など、学びに不必要なものをすべて廃止し、通知表の改革も行った。また、学びの質を高めるために時間割も再編成し、午前中は95分授業二つで編成した。どの教室でも自由に参観してほしい。一人残ら

ず学んでいる子どもの姿を見ることができるだろう。

③一人ひとりの子どもの学びを複数の教師で責任をおえるように、学年単位を「ミニ・スクール」として位置づけ、学年の教師集団で一人ひとりを指導する体制をとった。

④教師たちが授業づくりと研修に専念できるよう、校務分掌を「一役一人制」にして会議と雑務のほとんどをなくした。浜之郷小学校では、月1回の職員会議と毎週の学年のミーティング以外に会議はない。朝の打ち合わせの会議もなければ、行事の後の反省会もない。この方式により、一人ひとりの教師が勤務時間の8割（通常の学校では5割）を専門家としての仕事（授業、授業準備、カリキュラムづくり、研修）に傾注することができた。

⑤授業の事例研究を学校運営の中核に設定した。1時間の授業の参観（ビデオ記録による場合もある）と2時間の話し合いが、毎週、それぞれの学年のミーティングにおいてもたれている。それに加えて、毎月1回の校内研究会で2人ずつ授業を公開し、すべての教師が最低1度は校内研究会で批評を仰いでいる。学年のミーティングによる授業の事例研究と校内研究会、それに随時自由に実施される授業の事例研究を合計すると、年間に100回以上の授業の事例研究が行われてきた。それでも、会議と雑務は極少に控えられているので、決して無理はない。

⑥授業の事例研究においては、指導案は印刷せず、日常の授業を公開している。授業後に行われる検討会では、授業の巧拙や発問の技術や教材の検討ではなく、観察した教室の事実にもとづいて、どこで子どもが学び、どこで学びが閉ざされたかを中心に議論される。授業研究

の目的は、「いい授業」をつくることにあるのではなく、一人ひとりの学びを実現し保障することに求められてきた。

⑦授業参観の方式を廃止し、親も教師と協力して授業実践に参加する「学習参加」の方式が採用されてきた。親の参加は教室を柔らかくし、学びの活動範囲を拡大した。ほとんどの親は「学習参加」を3度経験すると、自分の子どもから離れて他の子どもの学びを援助する役割へと移行する。この移行によって親の教育に対する公共的な意識が芽生え、一人ひとりの子どもの学びを支える親と親、教師と親の連帯が形成される。その成果の一つとして、開校以来、親からの苦情の電話は一本もかかっていない。

(4)学びとケアと祈りの共同体へ

浜之郷小学校の創設の物語を記した前著『学校を創る―浜之郷小学校の誕生と実践―』(2000年 小学館)において、私は「浜之郷小学校の誕生は『歴史的事件』である」と記した。そして今、毎月、浜之郷小学校を訪問するたびに思う。浜之郷小学校の5年間は奇跡の連続であった。喧騒のない静かな学校の雰囲気と、子どもと教師の柔らかな声と身体は、それだけで奇跡と言ってよいほどである。もの静かな空間において真摯に学び活動する子どもと教師の姿は、同校を訪問する教師たちに深い印象を与えてきた。この学校では、どの教室でも子ども一人ひとりの尊厳が樹立され、子どもの学びと教師の教育活動には教材と子どもに対する誠実さが充溢している。

その奇跡の軌跡は、子どもと教師一人ひとりの日々の営みの中に埋め込まれている。プライヴァシーの保護のため、その詳細をここに記すことはできないが、確かにこの5年間、私たちは数え切れない物語を記してきたし、それらの物語を分かち合ってきた。決して幸せな物語ばかりではない。

幼い身体に大人以上の哀しみを抱きこんで学び続けた子どもの物語。「清水の舞台から跳び下りる」心境で自己の変革を達成した教師の物語。浜之郷に集う子ども、教師、親は誰もが〈交わり〉と〈学び〉をとおして自らを振り返り、学校の歩みと併行して豊穣な物語をつむいできた。その格闘は今も続いている。学校の改革は、そこに参加する一人ひとりの〈学び〉と〈ケア〉と〈祈り〉の湧き上がるようなスピリットに支えられて結実するものなのである。

浜之郷小学校の5年間に生起した奇跡のうち、その筆頭にあげられるのが、大瀬敏昭校長のガンとの闘いであろう。まったく予期しなかったことである。大瀬校長の身体が深刻なガンに冒されていることがわかったのは、浜之郷小学校が創設されて2年目のことだった。大瀬校長は、第2回の公開研究会にはご自身のガン摘出の手術、そして第3回目の公開研究会には奥様の手術で参加することができなかった。そして創設後4年目の2002年の2月には「余命3か月から6か月」という医師の告知を受けられた。最後まで教職という天命に命をささげる決意をされた大瀬校長は、通院による治療を希望され、身を侵蝕するガンの痛みと死の恐怖と闘いながら、子どもたちを前に「命の授業」を続け、校内の重責をはたしつつ、全国各地の学校改革の挑戦を支援する活動を続けられてきた。まさに奇跡と言うほかはないが、大瀬校長は、医者が告知した余命期間を1年半も超えて、現在も校長として活躍されている。大瀬校長ご自身がおっしゃっていることだが、浜之郷に充溢するスピリット（気）の流れが大瀬校長の身体に奇跡を生み出している。浜之郷小学校の5年間は、子ども一人ひとりの生の尊厳を謳った5年間であったが、大瀬校長は自らの奇跡の闘病生活によって生命の尊厳を打ち立ててこられたのである。

浜之郷小学校の挑戦は、公立学校とその教師たちが厳しい批判と危機にさらされる逆風の中で遂行されてきた。子どもと親の市民生活も、不況とリストラの中で未曾有の危機を迎えている。都市郊外の新興住宅地に位置する浜之郷小学校は、それらの逆風の只中に置かれてきた。実際、学校の改革が進展すればするほど、浜之郷の教師たちは、子どもたちの置かれている現実、地域の保護者たちが苦悩している現実、そして教師としての自らが置かれている現実の絶望的な厳しさを自覚しないではいられなかった。それにもかかわらず、日々、粛々とよりよい学びを求めて実践を持続することができたのは、毎月、全国から来訪される教師たちから寄せられた励ましに負うところが大きい。この5年間、全国各地の教師から「浜之郷小学校は教師の希望です」という励ましのメッセージが伝えられてきた。浜之郷小学校の幸運の一つは、その改革が絶えず全国の教師たちの熱いまなざしに支えられてきたことだろう。その無数の教師たちに感謝したい。実は、浜之郷小学校の5年間の恩恵に浴し、その軌跡と奇跡から誰よりも学んできたのは、ほかならぬ私自身である。大瀬校長を始めとする同校の教師たち、子どもたち、親たちの偉大な日々の挑戦に、心からの敬意と感謝を表明したい。

浜之郷小学校の歩みは、多くの人々によって支えられてきた。公開研究会に参加し指導していただいた秋田喜代美さん（東京大学）と庄司康生さん（埼玉大学）、月例の研究会にいつも参加し支援し続けていただいた「日本学び方研究会」の半澤隆夫さん、遠くアメリカと中国から国境を越えて何度も学校を訪れ励ましてくださった元フランス大使、アルゼンチン大使、タフツ大学（ボストン）客員教授、中国湖南大学客員教授の山本学さん、授業研究を支えてくださった横浜国立大学の先生方をはじめとする講師の方々、そして何よりも同校の挑戦の機会を提供し援助していただいた渡邉教育長を中心とする茅ヶ崎市教育委員会の方々に感謝したい。

浜之郷小学校は、今日も〈始まりの永久革命〉を続けている。その日々の積み重ねの延長線上に、未来の学校の希望を託したい。

授業研究会では保護者向けにも佐藤先生は講演された。

身体技法のワークショップで
指導される埼玉大学・庄司先生。

温かくも厳しいコメントを
される東京大学・秋田先生。

病苦と闘いながらも
常に笑顔をたやさない大瀬学校長。

【第一章】浜之郷小学校の5年間

学校長　大瀬敏昭

(1) 佐藤　学先生との出会い

2003年の初夏、私は東京大学の佐藤先生の研究室を訪ねた。この本の出版についてご指導いただくためである。少し時間があったので、東大の構内を散策しながら私は、1997年7月、はじめて佐藤先生の門をたたいた日のことを感慨深く思い出していた。そのころ、「これからの茅ヶ崎の教育をどうするか」「21世紀の茅ヶ崎教育のビジョンをどうしようか」「新設校をどうしようか」など、今考えるとずいぶん「大層なこと」を考えていたものである。

当時私は、茅ヶ崎市教育委員会の指導課長として、茅ヶ崎市の21世紀の教育ビジョンともいうべき「茅《かや》の響きあい教育プラン」の策定作業にあたっていた。それとともに、その具体的なかたちとして開校する新設校の教育課程を含む、いわゆる「ソフト」の部分を担当していた。それらについてご指導いただくため佐藤先生の門をたたいたのである。この佐藤先生との出会いについては、前著『　学校を創る～浜之郷小学校の誕生と実践～　』で述べたところである。この出会いがその後の私の運命を大きく左右することになろうとは、そのときはまったく考えていなかった。

その後1998年4月、浜之郷小学校は開校し、私はその初代校長として着任した。佐藤先生の学校改革の理論を中心とした「学びの共同体としての学校の創造」を「創学の理念」として掲げ、学校づくりを行ってきたところである。

この出会いがあってはじめて今の浜之郷小学校がある。佐藤研究室を再訪してあらためて強く感じたのであった。

(2)『学校を創る』その後

２０００年12月、小著『学校を創る～浜之郷小学校の誕生と実践～』が刊行された。この本は、１９９８年４月に開校した浜之郷小学校の「創学の理念」と開校からの2年半の取り組みを述べたもので、幸いにも多くの方に読んでいただくことができた。そのお陰もあり、２００３年1月31日に開催した第5回教育研究発表会には、１３００名を超える全国からの参会者をお迎えすることができた。そして、研究発表会、月例の授業研究協議会を含め、年間３０００名以上の方に学校を訪問していただくまでになった。一方、新聞をはじめマスコミ等でも何度も取り上げていただき、私たちが行っている学校づくりの取り組みに対して、いつのころからか「浜之郷方式」という名前もいただくこととなった。それは、本校で行っている「学校教育システム」と「授業研究」の二つの側面からの学校改革のことを指しているようである。この「浜之郷方式」を含め、開校後2年半の取り組みについて述べた前著の反響は大きかった。そのお陰で浜之郷小学校を訪問していただく先生方の数も増え、研究発表会はもちろんのこと、月々の授業研究会についても参加をお断りするような状況が続いている。本当にありがたいことである。

しかし、私たちは今の状況に満足しているわけではない。一つの山を越えるとまた次の大きな山々が見えてくる。課題も明らかになってくる。それに加えて、スタッフの入れ替えも始まっている。茅ヶ崎市のパイロット・スクールとしての立場上、浜之郷小学校で学校改革を経験した教職員を市内各校に配置する要請もある。また、1校勤務10年以内という内規から、10年後にいっきに職員の入れ替わりがこないように、茅ヶ崎市教育委員会では、開校当時から短期間でのスタッフの入れ替えを要請していた。

この方針により、開校後5年が過ぎた現在では、当時のスタッフは半数以下となってしまった。「学びの共同体としての学校の創造」という創学の理念をどのように継続し、さらに発展させていくか、課題と悩みは大きいのである。まさに、改革は始まりよりも継続させていくことのほうがずっと難しい。「創業は易く、守成は難し」なのであるが、浜之郷小学校では「始まりの永久革命」（佐藤学先生）を合言葉に日々改革の道を進んでいる。

このように、悩みを多く抱えていても、われわれは、日々現実を踏まえたフィールド（現場・舞台）をもっているから、手作りの自負とアイデアがほとばしる。さらに、夢とビジョンを語るスタッフと「共にいる」ことのできる幸せを感じている。

前著以降の学校づくりの取り組みの一端をご紹介する本書が、全国で行われている新しい学校づくりの一助となることを願い、さらには本書を中心として学校づくり・授業づくりの豊かな連鎖が生まれることを願っている。

(3)　私たちの構想する学校

〈学校らしい学校、そして学校でのケアリング〉

2002年は、日本の教育界にとって大きな節目の年であった。マスコミ等は2002年4月以降も、日本の学校が大きく変わらなければならないと喧伝している。また、多くの教師たちもそれに惑わされているような気がしてならない。しかし、私たちの浜之郷小学校は、2002年4月1日以降も変わるところは何もない。引き続き「学校らしい学校」をつくっていくだけである。

学校らしい学校とは、どの教室においても自分が学んだことの確信をもち安心して学びに参加できる子どもがいて、どの教師も誇りをもち自分自身を自分らしく伸ばせる学校のことである。このような学校づくりをめざしている浜之郷小学校では、制度改革などの外部からの改革要求に応えることだけでは学校は変わらないと考えている。学校は内側からしか変われないし、それは教師が変わることなしには実現しない。

浜之郷小学校では教室で育っている教師の姿がある。そこには生きがいを見つけ、教師としての使命感を再び取り戻し、変わっていく教師の姿がある。このような教師が生まれ育ってくるためには、一人ひとりの教師が自信をもって自分自身を高めていくことのできる「余裕」を生み出すための学校のシステムを考えていく必要がある。

ところで、「学びの共同体としての学校の創造」という創学の理念を掲げ、学校づくりを進めてきたのであるが、その2年めを迎えたころ、私にとって学校づくりの方向を変える大きな出来事があった。それは、私事で恐縮であるが自分自身の病気である。学校づくりも軌道にのった開校2年めの秋、私はがんの宣告を受け、手術のため1か月の入院生活を送った。その入院生活のなかで、私は、いろいろなことを経験し、また考えることもできた。そのなかでも、医療の現場と学校との共通性を感じることができたことは大きな収穫であった。そしてそのことが、その後の学校づくりの方向を変える大きな要因となった。

医療の現場では、ナースたちはとても重要な役割を担っている。病気を治療するのは医師の仕事であるが、それだけでは患者の病状は改善されない。患者にとっては治療以上に「ケア」「癒し」が必要である。病気を治そうという患者の意識や気持ちが、「ケア」や「癒し」によって高められるからである。それは、ナースたちによるところが大きい。このことは、自分が病気になってはじめて知ることができたことである。

病に倒れ、あるいは傷ついて苦しむ者がいる。ある者は、そこに手を当て背中をさすり水を飲ませ、さらには薬を煎じて飲ませることもあるだろう。患者は、楽になってほっとし、「手当て」を行った者と「共に癒えていく喜び」を共有し合う。この構造は、学校にも当てはまる。ある問題や課題について解決の方法が分からず苦しむ子どもがいる。また、家庭のこと、親のこと、友だちのこと、さまざまなことで悩む子どもたちがいる。このような子どもたちに手をさしのべ、その解決に向かっていっしょに立ち向かい、「共に気づいていく」教師の姿が学校にはある。「援助を必要としている人へのかかわり」ということにおいて医学と教育は、同じような構造をもつと考えてよいのではないか。医師の治療という行為に対応するのが「共に学ぶ」という教師の行為である。それに対して、看護・ケア・癒しというナースの役割を担うのも学校では教師である。したがって、学校における教師は、そのための「技」が必要なのである。そして、このような実践的行為は「身体」「言葉」がたいへん重要なテーマとなってくるのではないだろうか。元気でたくましく未来に向かって伸びていくと同時に、社会のなかで小さく、脆く、こわれやすい子どもたちに対して、「教え―学び」とともに「育つ―育む」ための「身体技法」の必要性を痛感したのはこの入院の経験からである。

さらに、この経験から私は、学校での「ケアリングの教育」の必要性を感じ始めた。「ケア」という言葉について佐藤学先生は、「『ケア』という言葉は、日本語で『福祉』」と訳されているが、本来は、もっと包括的で総合的な意味をもつ言葉である。『ケア』は『気づかう、心配する、顧慮する、気にする、かまう、世話をする、めんどうをみる、好く、愛する、望む、したがる、したいと思う』という意味の広がりをもつ言葉である。その原義に即して言えば『(相手＝対象のために)心を砕く』という意味が、この言葉の本質をもっとも言い当てているといったらよいだろう。」と述べる。(『学びの快楽』世織書房)

学校における「ケアリング」について、私は次のように考える。

ケアリングとは、子どもたちが抱える問題について何らかの対策や対応を講じることではない。その前に、子どもたちに問題があることが問題ではない。子どもたちが育っていくなかで、問題はどの子どもにも当然あるととらえる必要がある。では、ケアリングとは何なのだろうか。それは、子どもたちに対しての「教師の日々の配慮＝心砕きの心」であり、「他者の喜びや苦しみに寄り添い、魂の重さに気づくという行為」なのである。そして、教師と子どものさりげない優しさや、子ども同士の支え合いを日常の学校での生活のなかにどう築いていくかということである。さらにケアリングは、教師と子どもの応答的な営みであり、教師の構えの問題なのである。

〈私たちの願いと課題〉

このような「学校でのケアリングの教育」という考えを取り入れ、さらに開校5年が過ぎた浜之郷小学校を、私たちは、どのように創っていこうとしているのだろうか。

「学びの共同体としての学校」を創学の理念とし、子どもだけでなく教師も、保護者も地域住民もが「学び」を接着剤として集い、はぐくみ合い、さらに「学びを愛する」コミュニティとしての学校を理想像として描いている。そして、学びを通して子どもたちが自分を再発見し、友だちを再発見し、学問の価値と学習の意味を再発見して『人生最高の6年間』を生み出すことを目的とした学校、さらに、その営みを通して大人自身も育つ学校でありたいと願っている。

「青年期は人生最高の時期である」とよく大人たちは言う。本当にそうであろうか。実際は、人生のなかでもっとも辛い時期を送っているのではないだろうか。そのなかでも学校は、若者たちがもっとも苦しむ場所になっていないだろうか。何とも出会わず誰とも出会わず、苦役を尊び、反復を強いられ、将来のために現在を犠牲にするという「勉強の世界」から、対象と出会い、他者と出会い、自己と出会い、そして対話する「学びの世界」へ誘う場所として学校を再構成する必要があるのである。学校というところは、「学びの快楽」を得て「人生最高の6年間」を過ごすところなのである。この願いを実現するためには、子どもにとっては「安心と確信」、教師にとっては「生きがい」が必要不可欠なのである。

近年、子どもたちの「心の居場所」の喪失が指摘されている。本来子どもたちは、他人との社会的かかわりのなかで承認されて自尊感情や尊厳を確保するといわれている。しかし、日本では近ごろ家族共同体や地域共同体が空洞化するとともに、いわゆる社会的かかわりが希薄になり、自分を肯定・承認してくれる「心の居場所」が失われてしまった。

自分が何かができたという満足感、また、社会的に認められているという実感は、社会的なかかわり、つまり他人とのかかわりのなかからしか得ることはできない。「心の居場所」を確保するためには、できるだけ多くの他人とのかかわりを組織することが必要である。

学校での他人とのかかわりとは、具体的には、多くの人との出会いと対話を学習の過程のなかに組織することである。この場合の「人」とは、多くの教師、友だち、保護者、地域の住民であり、これらの人々とのかかわりを、学校のなかにどうすれば多く組織することができるかが鍵である。

このような意味においても、担任だけでなくすべての教職員が、また教職員だけでなく保護者・地域住民や研究者・行政が、いろいろな学習の過程に参加・参画し、子どもたちと多くの出会いと対話を組織していくことが大切である。

このような課題に向かって浜之郷小学校では、いろいろな取り組みを行っている。それらを通して、すべての子どもたちが教室で、そして学校で安心して過ごすことができ、さらに学びを通して何かできたことの実感、自分が変わったことの実感を、「確信」として味わわせてあげたい。さらに、人とのかかわりを通して自尊感情や尊厳、つまり「心の居場所」を確保してあげたいと願うのである。そのためには、これまでの健康に立脚した強さを求める学校でなく、弱さを自覚した子どもたちと自分の無力さを自覚した教師とが「ケアと癒し」を含みこんだ応答的ないとなみを行う場として、さらにはその応答的ないとなみを通して子どもたちと共に生きると同時に、大人自らも育つ場として学校を再構成する必要がある。

子どもたちが学校が大好きで、朝起きたら早く行きたくて仕方がなくなるような、発表を間違えても誰も笑わない、みんなが聞いてくれる、わからないときには「わからない」と言える、そんな雰囲気の学校をつくりたいのである。つまり、「人生最高の6年間」を過ごさせてあげたいと願うのである。したがって、指導内容とか方法とか、いわゆる目に見えるカリキュラムより、目に見えない、さりげない優しさや信頼関係など、目に見えないカリキュラムの方がどちらかというと大事であると考える。

一方、教師にとっていまの学校は本当の意味で「生きがい」を感じる場所となっているだろうか。多くの教師たちが自分の仕事に悩み、なかにはバーンアウト（燃え尽き）寸前の教師もいると聞く。「教育改革」の名のもとに行われる制度改革で、学校は官僚的制度としての色彩を強め、「教え―学び」や「育み―育ち」という本来の仕事より、上から降りてくる仕事、ふってわいてくる仕事が増え、教師にとって大切な専門性を培う仕事より会議や雑事にかかわる時間が多くなってきている。人は自分にとって大事なことで忙しくても、それなりに耐性がある。しかし、自分にとって周辺的なことがらと思われることでの多忙はストレスを高め、摩耗しやすい、と言われている。まさに、このことがいま学校に起こっている。教師たちは、授業や教材研究、子どもと遊ぶ時間という教師本来の仕事に時間を割くことができなく、その他のいわゆる周辺の雑事に追われているのが実情である。こういう状況において教師は「生きがい」をもって仕事に携わることはできないし、それがさらにストレスを増していくという悪循環に陥っている。

子どもの安心と確信、教師の生きがい、この二つは実は密接にかかわっている。教師が生きがいをもって働く学校では、安心と確信に満ちあふれた子どもたちが育っているし、また、そういう子どもたちがあふれている学校において教師は生きがいを見出していくのである。

この5年間、浜之郷小学校ではこの二つのことに、どのように取り組んできたのだろうか。

(4) 「子どもの安心と確信」をもとめて

〈「明るく元気に」を標榜しない〉

浜之郷小学校では、「明るく元気」な子どもをもとめない。子どもたちは本来、元気でたくましく未来に向かって伸びていくものである。しかし現実の子どもたちを見ていると、「明るく元気」に耐えられる子どもたちが何人いるだろうか。ほとんどの子どもたちが何らかの「傷」を抱えて学校に来ている。社会のなかで小さく脆くこわれやすく、社会の歪みや影をもろに受けているのである。近年、そういう歪みや影を背負って学校に来る子どもたちの存在が気になる。学校は社会をリアルに映す鏡になっているのだ。そういう状況のなかで、あまりに「明るく元気」をもとめすぎると、その影の部分が生じてしまい、そこに入ってしまう子どもたちをつくってしまうことになりかねない。

浜之郷小学校では「明るく元気に」を標榜しない。それより「しっとり」とした環境のなかで「さりげない優しさ」をもった子どもたちを育てたいと願っている。そのための重要な役割を果たすのが、本校が開校以来取り組んでいる「朝の読書」である。朝の15分間の読書から浜之郷小学校の一日は始まる。浜之郷小学校では、「朝の読書」を「ひとり時間」として位置づけている。子どもたちがひとりになって、自分を見つめる時間である。

浜之郷小学校は管理棟と校舎棟が分かれた建築になっているので、子どもたちの声もほとんど聞こえない。ただ、雨が続いたときや、運動会などの学校行事が近づくと子どもたちのテンションが上がり、いわゆる「キンキン声」が気になるようになる。子どもたちのテンションが高くなると、けがなどの事故も多くなる。そういうことが予想されると、私は教職員に集まってもらい、とにかく朝の読書の充実をお願いするようにしている。このことでほとんどが収まっている。信じられないようなことであるが、ぜひ一度試してもらいたいものである。

子どもたちのテンションが高くなることがあるが、このときは教師のテンションも高くなっているのである。したがって、教師のテンションをいかにして上げないかも重要なことである。

ところで浜之郷小学校では、従来より運動会を9月の終わりか10月のはじめに実施していた。残暑厳しきおりの練習と長期の休みの後からなのか、9月、10月は不登校や登校渋りの子どもの数が増えることが前々から気になっていた。9月の炎天下での練習は子どもにとっても、教師にとっても苦行難行を強いられるものであり、加えて運動会当日が近づくにつれて双方とも精神的に「ハイ」になりやすい。これがいろいろな問題を教室の内外に生じさせる原因となっている。

このことから少しでも気候のいいときに練習できるように春に移行したのである。その代わり9月は、6年生は修学旅行、5年生はキャンプ、4年生は校内キャンプ、3年生以下はそれぞれの学年で工夫した行事を行う「お楽しみ月間」とした。8月の登校日には、その計画について担任と子どもたちが楽しく話し合い、二学期に期待をもたせる工夫も行った。そして9月に入ってからは「静かに、静かに」スタートを切るように心がけた。その効果は大きかった。不登校はゼロになり登校渋りも激減したのである。

このような学校行事の見直しも、「しっとり」とした学校をつくるためには重要なことである。

〈浜之郷小学校のもとめる授業〉

東京大学の佐藤学先生は「勉強と学びの違いは、〈出会いと対話〉の有無にある。勉強が何ものとも出会わず何ものとも対話しないで遂行されるのに対して、学びはモノや人や事柄と出会い対話するいとなみであり、他者の思考や感情と出会い対話するいとなみであり、自分自身と出会い対話するいとなみである」と言う。つまり、学びは〈出会いと対話〉による「世界づくり」と「仲間づくり」と「自分づくり」の実践なのであると定義する。これをもとにして私たちは浜之郷小学校らしい「学びあう学び」をもとめているのである。

ここで、浜之郷小学校のもとめる授業の一端を紹介する。

教室のなかには、子どもたちの安心と確信が満ちあふれている。そして実にしっとりしていて緩やかな時間が流れている。子どもたちは、教卓の周りに集まり話し合い活動を展開している。発言に対して周りの子どもたちは「あ、そうか」「ああ、あれか」「うんうんうん」「へえー」「へーおもしろい」「ウォー」「ウァー」というような声と共に、共感的な微笑みとうなずきが起こる。シニカルでニヒルな笑いなどまったくない。そして必ず発言者を見ている。「発表」より「聞き合う関係」が重視されている。先生は、子どもと子どもの発言を、子どもと教材を、子どもと現象を「つなぐ」役目に徹しながら、どんな発言にも対応している。つまり、広く深い教材研究がなされていて、いわゆる子どもの授業への参加の間口が広い授業となっている。発言する子どもは多くはないが、発言はしなくても共感的に微笑みうなずくことで無言の対話が成立し、お互いに支え合っている子どもたちの姿がそこにはある。確かな「学び合い」が成立しているのである。

授業後の子どもたちに聞いてみた。「言いたいことが言えずに時間が足りなかった。僕は、聞くときは目と心で聞いている」この子はあまり発言していなかったが、十分学習に参画していることがわかる。大勢の子どもが発言する授業がいい授業とは一概にはいえないのだ。もう一人の子どもは、「満足です。自分が考えていることを出して、みんなで話し合うと、自分たちがもっと上にいったような気になれるから」と言う。素敵な感想である。ここには、まさに自分が変わったことを実感し、学びの手応えを感じている子どもの姿を見ることができる。

学ぶに値する本質的な問いに応えた授業を通して、子どもたちは教材の世界に出会い、自分自身を発見し、学び合う友だちを発見し、自分と仲間を支援し導いてくれる「知的世界への旅先案内人」としての教師を見出すことができるのである。そして、教師がこのような「自分探し」の根元的な欲求に根ざした価値のある授業を組織することによって、「学びの復権」はできるのであり、また、子どもたちの「安心と確信」も教室のなかにつくり出すこともできるのである。

〈げた箱のうた〉

平成15年も昨年に引き続き、こんのひとみさんに浜之郷小学校に来ていただき、ライブコンサートを聴くことができた。

シンガーソングライターのこんのひとみさん。作詞、作曲した『パパとあなたの影ぼうし』が、一昨年NHKの「みんなのうた」で、太田裕美さんが歌って共感を呼んだ。この曲は、不器用な息子となんでも1等賞の父親、そのすれ違いをやさしく見守る母親の思いが歌われている。そのこんのさんに、悩みながら生きる親と子に熱いエールを送っていただきたいと、「出前ライブ」で浜之郷小学校においでいただけないかとお願いしたところ、昨年それが実現したのである。

包み込むような澄んだ声とシンプルなメロディ。しかし、そこから紡ぎ出されるのはリストラされたお父さんや虐待を受ける子ども、シングルの母親など、社会的にちょっとつらい立場の人の物語が多い。コンサートでは、自分の曲だけでなく、会場の母親や子ども、教師に書いてもらった詩や言葉に即興で曲をつけて新しい歌が生まれる。また、曲にはならない言葉を、こんのさんは素敵なピアノをバックに、「ポエトリー・リーディング」として語ってくれる。言葉だけだと硬いものが、曲をつけたり、ピアノのバックがあると途端に「ホワッ」としてくる。そしてその言葉には、面と向かっては言えない家族への思いがたくさん綴られている。

　私は今回、このポエトリー・リーディングのために、一つの詩を用意していた。

げた箱のうた

〜ああ、遅刻!遅刻!〜
今日　朝起きたら　少しおなかがいたかったんだ
何となく　学校にも行きたくなかったんだ
でもお母さんが　「行きなさい!」って言うから
ちょっといやだったけど　学校に行くことにしたんだ

もうだれも通学路を歩いていないなあ
大人の人にじろじろ見られているみたい
ああ　いやだなあ
げた箱のところにも　だれもいなくて　暗いなあ
もう　みんな勉強しているのかなあ
どうやって　教室に入っていこうかなあ
ああ　いやだなあ

みんな　なんて言うだろう
やっぱり　お休みすればよかった
ああ　いやだなあ

「おはよう」「おはよう」　みんな気にしていないみたい?!
先生も　うなずきながら　「おはよう」
ああ　よかった!　やっぱり学校に来てよかった!

～遅れてきた　君へ～
今日は　ちょっと遅れて来たけれど　どうしたのかな?
おなかがいたかったの
途中からでも　よく来てくれたね
先生　うれしいよ!
学校に来る途中　つらかったでしょう?
げた箱のとこでの気持ち　よくわかるよ
みんなも　先生も　待っていたよ!　さあ　入って!
今日も　みんなとお勉強しようね!

たいへん稚拙な詩で、恥ずかしい限りであるが、この内容については、私はよく職員に話すことがある。「みなさんにもこういう経験があるでしょう。ぜひふだんから、このようなときの子どもの気持ちが理解できる教師になってください」と。遅刻して子どもが教室に入るときの気持ちをわかる教師になってもらいたいし、それとともに、そういう場面で、さりげない優しさが発揮できる子どもたちを育ててもらいたいのである。すべての子どもたちが安心して学べる教室、そして学校をつくっていきたいと願っているのである。

このような私たちの願いを受けて、こんのひとみさんが、新しい作品を書いて発表された。ここに紹介させていただく。

こんのひとみさん

君の笑顔が見たいから

作詞・作曲　こんのひとみ

君の笑顔が見たいから　僕はここへやってきたよ
勇気をなくしそうになったときは　いつも君のそばにいるよ

遅刻していく　通学路みたいに
ひとりぼっちで　どきどきするときがある

くじけそうになって　背中を向けて
引き返そうと　するときもあるけど

勇気を出して　ドアをあけると
君を待ってる　友だちの笑顔

君の笑顔が見たいから　僕はここへやってきたよ
勇気をなくしそうになったときは　僕のことをきっと思いだして

やり残しちゃった　宿題のことで
心が重くて　くよくよするときがある

何もかもが　いやになって
逃げ出したくなる　そんなときもあるけど

勇気を出して　小さな声で
ごめんなさいって　言えればもうそれでいいから
君の笑顔が見たいから　僕はここへやってきたよ
勇気をなくしそうになったときは　僕のことをきっと思いだして

君の笑顔が見たいから　いつも君のそばにいるよ

私たちの「人生最高の6年間」を過ごさせてあげたい、という願いを作品にしていただいたと思う。こんなにうれしいことはなく、こんのさんに何とお礼を言っていいかわからない。こんのさん、ほんとうにありがとうございます。

この歌が、テレビやラジオから流れる日もそう遠くないと思っている。そしてこの曲を聴いた日本の子どもたちに、真の笑顔がもどることを願っている。

(5)「教師の生きがい」をもとめて

浜之郷小学校では、開校以来校務分掌の「一役一人制」と会議の削減を学校改革の中心課題としてきた。一役一人制とは、文字どおりそれぞれの分掌を一人で行うものである。また、会議については原則として月1回の職員会議以外行わないこととしている。このことは、学校経営の中核である「校内研修」の時間を確保するためでもあるが、真のねらいは教職員の「行動の改革」をねらってのものである。学校改革を行うとき、教職員の「意識改革」が叫ばれるが、意識より行動の改革が重要である。

学校改革についてはこれまでも、従来より各地で取り組まれてきたところである。改革は始めるより継続させることのほうが数倍難しい。その証拠に、学校長が変わったら終わってしまったとか、教職員の異動にともなって頓挫した事例も聞く。その原因は、おそらく指導方法の改革やいわゆる「うまい」授業をもとめるなどの、授業研究中心だけであったりして、それを支える学校の「教育システム」から変えていなかったところに原因があるのではないかと思われる。また、意識の改革だけでは持続することは難しく、教職員の「行動」そのものを改革しなくてはいけないと考える。

ところで、浜之郷小学校においでいただいた方から、「一人一役制と会議をなくすことを自分の学校でも進めているのだが、なかなか難しい」との声を聞く。たしかに浜之郷小学校でも、開校当初は教職員の反発もあった。しかし徐々に理解が得られ、6年めのいまではすっかり定着し、浜之郷小学校の学校改革の大きな柱となっている。ここまでくるには、システム改革とともに、実に細かいところまで含んだ日常の教職員の行動や考えまでも変えていかなければならなかったのである。

〈群れない、ということ〉

私は、よく「群れるな」ということを口にする。また「孤立してはいけないが、孤独には耐えろ」とも言う。それは、組織の中には必ずといっていいほど、自然発生的にインフォーマルなグループ（群れ）が生まれ、そのグループ内のルールに人々が従わなければならないという事態が生じるからである。そして、そこでは全体のフォーマルなルールより、グループの人間関係が重視され、それが結果として業務の成果に影響を与える可能性がある。ところで、学校という組織でいま一番必要なことは、一人ひとりの教職員が「専門家」として「自律」することである。ところが、学校にはそれを阻害する要因がいたるところに潜んでいる。「共通理解」という名のもとに、自分の個性が発揮できず、結局一番「下」に合わせざるをえないこともその一つである。子どもたちには「個性」を要求しながら、自分たちは個性をつぶし合うシステムが、いつの間にかはりめぐらされている。相互監視のためか、孤立化するのを避けるためか、あるいは「責任」を共有・分担するためか、教職員は何かにつけて「群れる」のである。そこでは、個性的な教職員はつぶされる。そのため常に周囲に気をつかい、そのことが「仕事」の上での最大の関心事になったり、なおかつストレスの原因ともなっている現実がある。学校づくりにおいては、そのシステムを変えることも大切であるが、教職員の行動を変えるためには、あるいは自律した専門家として育てるためには、この「群れる」という体質を変えない限り不可能である。そのためには小さなことも見逃さず、くだらないことと思われることから変えていかなければならない。

浜之郷小学校では職員室では原則として会議を行わない。それは、職員室は学年毎の「島」になっており、なおかつ席が固定しているからである。会議は会議室で行い、席は固定していない。早く来た人から順次着席していく。ところが最初はこうではなかった。職員室と同じように、同じ学年所属の教員がかたまりとなって座っていたのである。私は、あるときそうしないようにお願いした。「同じ学年同士で近くに座る必要はありません。発言するにあたっても、近くの人と相談するのは止めてください」ということもつけ加えた。

ところで、学校づくりにあたって佐藤学先生は次のような「三つの原則」を述べている。

・第一は　Less is more（より少なく学ぶことがより多く学ぶこと）という原則
・第二は　Simple is better（カリキュラムと運営組織を単純化する）という 原則
・第三は　Small is sensible（規模を小さくし繊細になる）という原則

である。700人以上在籍する浜之郷小学校では、規模を小さくするためにはいろいろ困難な点がある。そこで本校では、学年が「小さな学校」という考えで学校づくりにあたっている。したがって学年主任を中心とした学年経営は、たいへん重要な位置をしめている。しかし、個性的な学級経営もまた保障されているのである。個性的な学級経営を進めようとすればするほど、学年全体としての「スタンダード」が重要となり、その必要性が十分に意識された学年経営が行われ、その集合体が浜之郷小学校なのである。それは、「個性に根ざした多様性を尊重する」という本校の特色に裏打ちされている。そしてそのことは、年間100回以上行われている授業研究の成果でもある。だからこそ、職員会議までも学年の考えに沿った意見を言う必要はない。一人ひとりの教職員が自律した専門家として自分の意見を堂々と述べればよいのである。

そのためには周りに同調をもとめたり、発言した事実だけが欲しいだけの発言は控えるべきであり、会議室の席もそのように工夫するべきである。本校の会議室の机の配置はいわゆる「円卓」状になっていて、校長も教頭も座る席は決まっていない、教職員と同列であり、いわゆる「上下」がない配置である。このほうが教職員と管理職が対立する、いわゆる「葛藤モデル」の意思決定様式が生じることも少ない。また、ほかの部屋で行う会議や話し合いにおいても、その机の配置には気をつかっている。いわゆる「アール」(曲線の流れ)を重要視している。そのほうが意見が出やすく、なおかつ葛藤モデルに発展しないのである。これは教室の子どもの机の配置にも通じるものである。いずれにしても「群れない」ために机の配置にも気をつかっている。

また学校ではいろいろな行事を行った後、「反省会」を開く。反省会という会議も、学校独特の文化かもしれないが、本校では、それを行わない。30人弱しかいない本校のような組織では、反省会は無用である。個々の教職員が「当事者意識」をもって「こと」にあたれば、あるいは協働意識が育っていれば、その場その場で反省事項は出てくるはずである。担当者にその場で指摘するはずだし、その時間がなければ後刻必ず伝えるはずである。反省会を開かなければならないところに、当事者意識の希薄さを感じる。反省会を開いて何も出ないと、司会者あるいは担当者は反省事項の提出を強く求める。何も出ないことが不安なのである。そうすると周りは、「どうでもいいこと」を理屈をつけて反省事項として提出することとなる。そしてそのことは、いつの間にか一人歩きをしながらさらに理屈が補強されていく。こうなると反省会のための反省という現象が出現する。当事者意識がもてない人に反省事項をもとめても無駄なだけである。これも「群れ」の構造である。このような考えから本校では反省のための会議もすべて無くしてしまった次第である。

また、夜に行われる「反省会」も「群れる」ことの一現象である。学校では宴会までも反省会と称する。それは何かの行事のたびに行われる。また、男性だけの会、女性だけの会もよくあることである。それに出ない人は「つきあいが悪い」のである。浜之郷小学校では、公的な一つの「親睦会」を除いて、そういった会はつくることをご遠慮いただいている。実は、そういうものが「好きな」人はごく少数なのであり、嫌いな人も大勢いるのである。私は、そういう席に出ない。また、いわゆる「つきあいの悪い」人を大いにほめているし認めている。「本業」以外では、「いやなものはいや」がとおる職場でなくてはいけないのである。

本校の開校のころ、「浜之郷小学校には『一体感』がない」とよく教職員に言われた。しかし一体感は本業である授業や研修を通してつくっていくものであり、夜の宴会や、厚生活動と称して行われる、「遊びとしてのスポーツ」などからは生まれないし、それもただ群れているだけである。宴会や遊びのスポーツのリーダーが大手をふって歩いている学校、職場では真の意味での「自律した専門家としての教師」は育たないのであり、行動の改革など望むべくもない。

また、浜之郷小学校で毎年行っている公開研究発表会が近づくと、同じ研究教科などの部会開催の要求が出てくる。本校には、そういう部会はもともと存在しないのであるが、同じ教科で授業公開する教師たちが、分科会に備えて対応策を話し合うための開催要求である。これも「群れる」ことである。本校には共通のテーマはないのであり、研究の方向・方法など「枠」を決めると、それを子どもにあてはめる傾向をもつ教師が出てくる。だから私は、そのような教師をつくらないために部会開催を認めない。研究で自分のスタイル・モードをもつことを推奨している本校では、公開授業が同じ教科といえども共通理解など必要ない。結局、不安解消のためだけに群れるだけである。研究においても、孤独には耐えなくてはならない。

ここで、平成15年度に本校の全職員対象に、研修部が依頼をした「浜之郷小学校での5年間の記述」から、ある教師の述懐を引用してみる。

教員になって2年め、特活部の◯印をやる羽目になったときのことである。当時はM小学校で特活部も各学年から1名出ていたが係りの兼任も多く協議をしたくてもなかなかそろわない状態であった。2年目ということもあり、「打ち合わせをしたいので集まってください」と言っても集まってくれず、また、それ以上強いことを言える立場でもなく、みなさん忙しいのだろうと好意的に解釈して原案等は過去の資料を基にこちらで作成し個別に回って了解を得ていた。さらに、自分のできることはしておこうと児童会の運営などを進んでやっていた。他の方々の負担を軽くしようとの思いであったが、それがいけなかったようである。部の方々は進んでやってくれようとはしないが、常に首は突っ込んでいたかったのだ。結果、「あなたは独善的」「なぜ集まって協議をしないのか」というご指導をいただくことになった。

それ以来、原案は立てても、例え従来通りであっても必ず集まってもらうようにした。

そして、私は会議が嫌いになった。

浜之郷に来て一役一人にという話があり長年の胸につかえていたものがとれるような気がした。これであのむなしい会議から開放されるのだ。大体、全てのことに首を突っ込んでいたいというのが間違いだと思う。どうせ「例年通り」の決定がなされるのに「部会」を行い「学年会」で根回しし、「職員会議」で決定する。これほどの無駄はない。逆に言えばこういう手順を踏む限り、斬新なアイデアは出てこない気がする。「一人だと大変ではないか」「非民主的ではないか」と言われることもあるが、不思議なもので一人でやるとなると責任感がわいてくる。一人でどんどん進められるという反面、勝手なことは出来ないという自制心が起きるのである。

大瀬校長からは「群れるな」と言われている。浜之郷に来てから5年間、自分は群れたと言う記憶はない。傍から見れば群れていたかもしれないが、必要以上に関わろうとは思わない。それは、群れている人たちがほぼ間違いなく「何かに対する批判」のために集まっているからである。どうして負の方向に思考がいくのかは理解できないが批判することで自分を保ち、責任を回避したいから群れるのであろうか。

自分は変わり者でいい。仕事以上に付き合おうとは思わない。それでも何かに必要な人間でいられればいいと思っている。それにしても、群れたがる人に限って学級王国を作るのは何とも不思議である。

このように、孤独に耐え、群れない教師がいることは頼もしいし、浜之郷小学校ではそういう教職員が確実に育っているのである。

学校改革を始めるにあたっては「群れない」教職員集団をつくることから始めなければならない、との確信を強めている。

〈本業率〉

佐藤学先生によると、日本の教師たちの労働時間は週あたり52時間であるという。そして、そのうちの50%が会議や周辺の雑事であり、あとの50%が教師本来の仕事である授業や教材研究、研修の時間、それに子どもと遊ぶ時間であるという。こういう状況においては教師は「生きがい」をもって仕事に携わることはできないし、それがさらにストレスを増していくという悪循環に陥っているのである。浜之郷小学校では、この教師本来の仕事「本業」に割く時間を80%までもっていきたいと考えている。つまり「本業率80%」の数値目標を立てたのである。

会議を行わないのも、研修時間を確保するためであるが、全体として本業率を上げるためである。一役一人制も、それ自体が「生きがい」をねらってのことであるが、一方では本業率を高めるねらいもある。

その会議についても、本業で忙しければ本業を優先する、という暗黙の了解がある。職員会議も二人集まれば始まるし、とにかく時間を大事にしている。また、会議は全員参加が原則であるが、学年から最低一人出席していればよしとし、あとは確実に伝えるようなシステムができている。

また校務分掌の「一役一人制」も「一人一役制」ではないところが重要である。すべての職員が一役もっているのが後者であり、それでは本業率を高めることはできない。一人何役ももっている職員もいれば、「無役」の人もいる。それは、できるだけ学級担任を校務分掌の仕事から解放する意味もあり、担任外の人が多くもつようになるのは仕方のないことである。要は、できるだけクラスの仕事、つまり「本業」に専念してもらいたいのである。

ここで、一役一人制についての、ある教師の感想を引用する。

一役一人制の分掌システムは、教師としての仕事への向き合い方、自分の仕事のスタイルが求められる。それは、自分の仕事のやりかたで進められるやりやすさがあるし、オリジナルのアイデアを活かしやすい風通しの良さがある。しかし、それまでの話し合いからプランをねってきた体質にとっては、自分のプランでいいのだろうか、甘さを指摘されるのではないかという、まるで自分が直接強風にさらされるような、そういった不安がつねにつきまとった。不安に感じることを避けようとすることはありえることであるし、いまでもそうした感情がないわけではない。しかし、そればかりにとらわれ、既存のやりかたに縛られて、ものの本質が見えなくなってしまうおそれがあるのではないかということを考えるようになった。窓の外に吹いていると思っていた強風は、杞憂であったことに気がついた。なぜなら、一人で考えることは、だれからも見放されて孤立無援の〝一人〟なのではなく、自分のアイデアを、自分のペースで考え、進めることができるということを実感したからだ。今度の提案は、こう変えて提案してみよう。いまちょっと時間があるからあの提案のプラン考えてしまおう。いまきついから後回しにしよう。仕事を抱えているなかでは、この自由さはなににもかえがたい。実際始めてしまえば、自分のなかのプランを具体的にする作業だけなので、プラン作成に時間は要しない。余計な話も入ってこない。出てきた疑問、分からないことも、自分という同じ尺度で見つめられるので、まとめやすい。本当にいきづまってしまったものは、他の先生に相談すればいいのだ。そこに、自分から発信するという、他の先生との能動的な関係が出来てくるし、相談するポイントもはじめから絞られているから、時間も短くてすむ。相談の内容を吟味して提案するのも自分であるから、自分の仕事が自分でよく見えてくる。見えてくればくるほど、いろいろなアイデアが浮かんでくると同時に、次に活かせる課題が見えてくる。プラン立案から実行までを自分がすべて知っているのだから、どこでどう変えればいいのか分かりやすく、納得もいく。

そうした手順をふむことは、仕事を覚える実感がある。当事者意識も高まってくる。ちょっと途中はつらいけど、それは、仕事である以上当然ついてまわる程度のこととして取るに足らないことに思えるようになってきた。幅跳びで、助走をしたほうが遠くに飛べるように、仕事もある程度の助走、それも自分のペースでできる助走が必要なのだ、と感じている。そのためには、仕事の責任を感じつつ自分のアイデアを生かせることの良さがある。

このように一役一人制を導入することで本業率を高め、クラスの仕事に専念し、余計なことに首をつっこまないことが教師の生きがいにつながるものだと確信する。いままでの学校では、「共通理解」の名のもとに学校内のすべてのことを「知っている」ことがもとめられていた。実際、学校の仕事すべてに「当事者意識」をもって臨むことなど不可能であり、すべてのことを周知し共通理解をもとめるとなると、長時間の会議が必要になるのは当たり前である。そのことが実は本業率を下げている原因であったのである。そして見せかけの当事者意識が、ムダな時間を生み、さらには真の意味での「協働性」の確立を阻んできたのである。

このことは、リレー競技にあてはめてみるとよくわかる。つまり、協働性＝助け合いという点で考えて、校務分掌の複数配置が、お手々つないでみんなで４００ｍを走る・泳ぐことになっていないかどうか考えてみたいのである。陸上の１００ｍ×４リレーならば、リレーゾーンを使ってバトンタッチという協働を行うから全体として一人ひとりの記録の和より良い記録を出すことができ、４人そろって手をつないで４００ｍを走れば記録などとうてい望めないのは当然である。

現在の学校の状況がこのようになっていないだろうか。自分の役割部分は力の限り精一杯頑張る。そして協働する部分は協力する。つまり、自立した個人が、互いに個性を尊重しつつ足りない点を補い合うのが「協働性」である。ところが、今までの学校は、個人が集団に埋没し、判断を集団任せにする「依存」ではなかっただろうか。力不足を互いになめあっている組織のことである。そして校務分掌の複数配置やムダな会議が、それを生み出していないか考えたいのである。

その証拠に、同僚と仲の悪い学校ほど会議が多いし、会議をやればやるほど学校の雰囲気が悪くなると感じているのは私一人だけであろうか。今までの学校はすべてのことを「知っている」ことがもとめられていた。ところが実は、協働と真の依存の関係では、「知らないこと」があって当たり前である。こういう教職員の共通理解と行動が確立されると、本業率も上がるし、それが教師の生きがいにつながってくる。

〈一人屋台方式〉

浜之郷小学校の学校改革の方法、いわゆる「浜之郷方式」は学校教育のシステムを変えることと校内研修中心の学校経営の二つの柱による学校改革である。この「浜之郷方式」を教育界の「トヨタ生産方式」と呼ぶ人がいる。いかにしてそれまでのムダを取り除いて生産効率を上げるか。つまり、製造業の作業現場を創造と研究の場と位置づけて自らの職場に工夫を加えようとしたトヨタ自動車のトヨタ生産方式と、これまでの学校文化の常識の壁を打ち破るため学校教育システムと授業研究の改革から始めて、新しい学校像を再構築しようとしている浜之郷方式には相通ずるものがあることは確かなようである。それは「生きがい」という点において強く意識される。

トヨタ生産方式に興味をもち始めた2001年初夏、NHKスペシャルで「常識の壁を打ち破れ～脱・大量生産の工場改革～」という番組が放映された。その内容は、ある電機メーカーの生産ラインの大改革を取り上げたもので、次のようなものである。

・いまどきの気まぐれな消費者ニーズに対応するためには、これまでの大量生産ラインでは有効なラインの切り替えができず、作りすぎによる在庫の山ができ深刻な歪みが生じている。
・これまでのライン生産の主役として大量生産ラインを支えてきたベルトコンベアを撤去し、代わりに導入したのが一つの製品を部品から一人で完成させる「一人屋台方式」という生産方式である。
・そのねらいは、20世紀のものづくりの分業生産方式を否定し、従業員一人ひとりの工夫を引き出そうとするものである。

この番組を見て、この生産方式の考え方と私たちが取り組んでいる「浜之郷方式」による学校づくりの考え方が、あまりにも似ていることは大きな驚きであった。

・一役一人制の校務分掌
・ムダな会議をなくす
・型にはめない、はまらない、自分のスタイル・モードをもつための授業研究
・個人研究テーマによる研究推進
・指導内容・方法、一単位時間の設定は担任の裁量による

といった、浜之郷方式での学校づくりとあまりにも共通することが多かったからである。

この電機メーカーが行っている工場改革の基本となっているのが「トヨタ生産方式」であり、トヨタはこれによって大きな発展をとげたと言われている。

トヨタ生産方式によって工場の大改革を進めようとするこの番組の工場では、これまで「工場

の顔」であったラインの撤去とともに、分業システムそのものの見直しも始めることとなった。つまり、これまでの一つの作業だけを受けもっていた従業員の作業形態から、二つ以上の作業を受けもつ「多能工」の訓練の始まりである。これまで一つの作業にしぼって技能を磨いてきた従業員には、慣れない作業に戸惑いや心配もあったろうし抵抗もあったと思われる。このような方式転換とともに、一部の従業員に対しては部品から組立・検査・梱包の工程のすべてを一人で行う「一人屋台方式」も導入される。一人の従業員のまわりには、組み立てに必要な部品が屋台のように配置され、作業が行われるようになる。そして、このような「単純工」から「多能工」化によって生産効率が飛躍的に向上することになる。しかも、これまでモデルチェンジに対応するためにはいったんラインを止め、そのラインに従事する従業員による「会議」を経て、作業に習熟しあらためてラインが稼働するまで数か月を要したのが、一人屋台方式になってからは3日でできるようになった。さらに、一人屋台方式では一人あたりの生産台数はラインのときの3倍に、生産する種類は2倍に伸びたという。

では、どうして一人の方が生産性が向上するのだろうか。それは、従業員の「やりがい」の違いにある。それまでのラインの仕事では、一人が努力しても全体の生産性は上がらない。生産を上げようと会議を行っても、そこで自分の意思がものづくりにキチッと反映される保証はない。一方、一人屋台方式では工夫の一つひとつがそのまま結果に反映される。部分ではなく全体を受けもつため製品を作り上げていく喜びも生まれてくる。これが従業員の生きがいにつながるのであり、まさに意欲と能力を引き出す改革である。

浜之郷小学校もこの一人屋台方式と共通しているところがあるが、われわれ教師の仕事はもともと一人屋台方式だったのではないだろうかと考える。教室のなかでは、とくに小学校ではほとんどの教科を一人でこなしている。まさに一人で屋台を切り盛りしているのである。しかし、専門家としての仕事「教える」という業務を離れて、いわゆる校務分掌上のことになるとたんにベルトコンベアの従事者となってしまう。そして、当事者意識がなければ多くのムダを抱えながら会議に参加することになる。自分の意思がキチッと反映される会議や業務分担だったらよいが、学校現場ではなかなかそうはなっていない。一人では不具合が生じたらただちに自分で直すことができるが、分業体制下では、またそこで会議である。これではなかなか「やりがい」「生きがい」につながる仕事は生み出されない。このような「学校文化」「教師文化」が生み出された原因がどこにあるのか、私には分からないが、教室を開き合う、批評し合う、そして創造し合う、という「同僚性」の構築と、すべての教師が自律した専門家として育つために始めた浜之郷方式は、学校改革の一つのカンフル剤の役割を果たすものであることは間違いない。

〈委任と統治〉

浜之郷小学校では、指導内容、方法、そして一単位時間の設定など、ほとんどを教師の裁量にまかせている。カリキュラムと授業と研修を創造する主体は教師本人であり、その責任の主体もまた教師本人であるという考えに基づく。このような考えを徹底することが、個々の教師の自覚を促し、個を自律させることにつながるのである。また、校務分掌の各担当にもいろいろ権限を委譲している。そのほかにも、得意とする者にどんどん権限を委ね、できるだけ「責任ある決断」をもとめるようにしている。このようなシステムをとることで、一人ひとりのモチベーションも強くなり、それをもとにして全員が目的に向かってベストを尽くすという意識も出てくるのである。

教師に権限を委譲するとともに、学校長の統治（ガバナンス）も大事である。この〈委任と統治〉のために重要な役割を果たしているのが、三つの主任である。本校の校務分掌は、学校長、教頭の下に三つの大きな部がある。研修部、教務部そして校務部である。その下にある各分掌は「一人一役」ということで、一人でその役割を担っている。その分掌の仕事は一人で企画し、提案し実施することになるが、職員会議に出す前には学校長、教頭に相談することになっている。しかし、それぞれについて学校長が対応することは不可能である。そこで、研修に関係することのすべては研修主任、教務関係は教務主任、そして学校の施設・設備、庶務、経理、服務に関することは校務主任と、それぞれに権限を委ね各担当の相談にのってもらうとともに指導をお願いしている。

また、一人一役制を補完するものとして「稟議制」を取り入れている。それぞれの担当や学年主任、学級担任は、自分の所管する事務について、その内容によって研修主任、教務主任、校務主任を経て管理職の決裁を受けるシステムである。これにより各担当、各主任の責任の所在が明確になり、管理職による統治もしやすくなる。いままでは、各担当や担任が教頭や学校長に直接相談したり決裁をもとめたりして校務が推進されていた。このようなシステムのもとでは、校務のすべてを職員会議で話題にする必要があり、ここにムダな時間が使われていたのである。この委任と統治のシステムによって、責任の所在が明確になり、併せて組織と機構を単純化することができるようになったのである。

さらに、浜之郷小学校がある神奈川県では、平成15年度より新たな「人事評価システム」が導入された。このシステムは、教職員の力量向上・人材育成を図るため、年度当初に各教職員が学校目標等を踏まえて職務遂行上の重点目標（自己目標）を設定する。その達成に向けて取り組み、年度末にその達成状況やプロセス等を評価する「目標管理手法」を導入するものである。

私は、このシステムが浜之郷小学校の学校づくりに有効であると考えた。それは、私が毎年策定する「学校経営方針」の重点項目を各教職員が自分の課題としてとらえ、1年間その達成に向って取り組むことができると考えたからである。年度当初の自己目標設定に際しては、本校の教育目標、そして本年度の重点項目を理解してもらい、それに則って設定してもらうようお願いした。いままでは学年、学級、各担当で学年・学級経営方針等でばらばらに目標を設定していたが、これからは「教育方針」、「教育目標」そして具体的な重点項目をもとにして自己目標を設定することとなる。その結果、学校全体として統一された動きが出てきたのである。学校目標、つまり学校づくりの方向性が明確にされるとともに、個々の教職員の自己目標を統合化することができるようになったのである。まさに開校6年めにして教職員のなかに「群れる」こととは違う、真の意味での「一体感」が芽生えてきたと感じている。

〈研修主任と三つのリーダー論〉

前のラグビー日本代表監督の平尾誠二氏の著作を読むと、彼の戦術論が学校経営に相通ずるところがありたいへん興味深い。彼はラグビーというスポーツでチームを強化する場合、三つのリーダーが必要だという。チームリーダー、ゲームリーダーそれにイメージリーダーの三つである。彼の論によると、チームリーダーはいわゆるチームキャプテンでありプレーヤーとしての技術も必要であるが、それ以上に人格的に優れていることが求められる。一方で、試合中にチームを引っ張っていくゲームリーダーも必要である。しかもゲームリーダーというのは、ゲーム展開の先読みができ、いざというときは「切った張った」の駆け引きももとめられる。そういう意味で人格云々より少々ずるいところがあっても、いろいろ駆け引きができることが要求されてくる。そして三つめのイメージリーダーであるが、これは「こんなことをしたらおもしろいのではないか」と無責任ではあるが、何かと提案するタイプである。ただし、このタイプにリスクを負わせるとアイデアが出なくなる。リスクなしで好きなことを言うのがイメージリーダー、そのアイデアを「おもしろそうだから一度やってみよう」と決めるのがゲームリーダー、その決めたことを「やるぞ」とみんなに納得させていくのがチームリーダーというわけである。(平尾誠二著『日本型思考法ではもう勝てない』ダイヤモンド社)

この三つのリーダー論を学校にあてはめてみるとおもしろい。チームリーダーはさしずめ教頭である。学校長と教員とのアダプター的なあるいはショック・アブソーバー(緩衝器)的な役目が果たせて、両方から信頼を置かれる必要がある。そして、教務主任と研修主任がゲームリーダーとイメージリーダーのどちらかの役目を担うことができれば学校はうまく回り出す。

たとえば、研修主任が「こんなことをやったらおもしろい研究になるのではないか」とアイデアを出し、次の教務主任がそれをいろいろな駆け引きを使って、あるいはほかの人が気づかないところに気づいて周りに指示し、チームリーダーたる教頭は、校長と連絡を取り合ってみんなに「やるぞ」と納得させる、という図式である。ただし、イメージリーダー、ゲームリーダーにリスクを負わせては豊かな発想は出てこないし、そういう発想を促すことのできるような話し合い、セッションの仕方も考えなければいけない。これまでの学校の職員会議のような話し合いではおもしろい考えは出てこない。おもしろい発想の出現を期待するならば「ブレーン・ストーミング」のようなセッションの手法も取り入れる必要がある。また、ゲームリーダーの役目をもたせるには、いわゆる「宴会部長」が適任である。だいたいどこの職場にも宴会部長は一人、二人はいるものであり、その宴会屋を「切った張った」の駆け引きもでき、周りの人間に的確な指示ができるように育てていくことも全体としてのリーダー、学校長の役目なのである。

浜之郷小学校では幸いなことに、イメージリーダーの役目を研修主任が、ゲームリーダーを教務主任が、そしてチームリーダーの役目を教頭が受けもっている。ただし、そのときどきでスタッフも変わるので、キャラクターによって分担が違ってもいっこうに構わない。要するに、この三つのリーダーの役目を分担してくれる職員がいると学校がうまく回り始めるのではないかということである。そして監督としての学校長の役目は、この三つのリーダーシップのシェアリング

（役割分担と育成）である。さらに、ときには一歩先を見据えた夢と理想の学校像を描かなければならないし、そういう意味ではこの三つのリーダー像を自分自身のなかでどうシェアリングするかも大事である。

(6) 校内研修を支える

〈同僚性を築く〉

平成10年4月に開校した浜之郷小学校は、校内研修を学校経営の中核においている。

校内研修の充実を図るためには「同僚性」の確立と「自律性」の樹立が不可欠である。ところで、「開かれた学校」の論議がさかんだが、そのほとんどが「外に対して」のものである。学校改革のためには、実は「内側に開く」、つまり教室を開き、いつでも授業を公開するという取り組みが重要である。そのためには、教師一人ひとりが、授業を中心とした仕事を公開し、観察・批評し合い、創造し合うという「同僚性」の構築が何よりもとめられる。同僚性を学校のなかに築くためには、まず教室を開き、授業を公開することが必要である。「泥棒と教師は、自分の仕事を見せたがらない」という学校と教師を批判した言葉があるように、教師はなかなか自分の授業を公開したがらない。まずこれを打破しないかぎり同僚性など築くことは難しく、学び合う関係もできてこない。私たちは、こうなった原因を考えながら、授業研究の改革を大胆に行っている。

開校1年め、私は、同僚性の確立のため、全員年1回の授業公開をお願いした。その際、どうして教師が授業を公開したがらないのか、どこをどのように変えたらそれが解消されるかを考えていった。教師が同僚に自分の授業を公開したがらないのは、自分の弱点をさらけだしたくないし、同僚にあれこれ言われたくないからである。学校には「人の仕事には口出ししないかわりに、自分の仕事にも口出ししてもらいたくない」という暗黙の了解がある。また、授業研究の方法にも問題がある。たいがいの学校では研究テーマを決め、ある決まった型をもとめる研究が一般的である。そしてその基準をもって公開された授業を、どこがよかったとか、どこが問題だ、と評価しがちである。とくに「授業がうまい」と言われる教師がいる学校ほどこの傾向が強く、若い教師に授業をやらせ、自分の基準のみで公開された授業を批評し、さらにその対策まで伝授する。そこには、「一人ひとりの教師の個性に根ざした多様性を尊重する」という姿勢は見られず、授業者にとって楽しいわけがない。「もう二度とやりたくない」という気持ちになっても仕方がない。こういう苦くて辛い経験が積み重なっていくと、ますます教師は授業を公開したがらなくなってくる。ここを改善するため、浜之郷小学校では開校1年めに次のような「授業研究の作法」なるものをつくった。

◎年間一人最低1回は公開する。
◎授業の上手、下手は問わない。授業の巧拙は「生まれつき」であることを自覚し、「自分らしい授業」をめざす。

◎指導案の形式は決めない。無くてもいい。また、指導案作成にあたっては、完成するまで他は口を出さない。
◎授業公開にあたっては、事前にあまりエネルギーを注がない。事後の研究会を充実させる。
◎授業は途中で止めてもいいし、延々と続けてもよい。失敗したらもう一度挑戦する。同じ授業を何度でも公開してよい。
◎参観者も授業に参加してよい。

また私は、開校して間もない5月、「研究部だより」をとおして、次のことを伝えた。

○授業者がやってよかった、という研究会にしていきたい。授業者の授業への思いをくみとりながら、具体的な語りをし合っていきたい。率直で気持ちのいい研究会をつくっていってほしい。
○学年を主体とした日常的な授業研究を主体としたい。オープン・スペースやＴＴなど、学習環境をいかした取り組みも考えていきたい。
○授業研究を楽しく進めていくためには、自分のなかのリズム、学校のなかのリズムをつくることが大切である。それとともに、授業を開き合って授業の難しさを共有し合うことも大切である。
○授業研究にあたっては、学校全体の「みんな」を対象としないで、学年毎や、グループ毎、あるいは一人ひとりの教師でも取り組めることを保障し合っていこう。小さな研究を積み重ねていくことが大事である。

○自分の直面している課題を検討してほしい、という気持ちで授業公開しよう。「悩みや困っていること」をもとに、みんなでこの問題について考えていこう。

○誰でもうまくいかないのが授業である、と考えよう。大切なのは挑戦する姿勢があるかないかである。失敗を恐れてはいけない。

○指導案もとくに気張らなくて、授業をまず公開することを考えよう。

○指導案は、授業者の挑戦課題が明らかになっていることが大切である。教材解釈の話し合いは、水掛け論に陥ってしまう恐れがある。学習の構成の仕方は、それぞれの教師の味を出すようにしてほしい。多様性を認め合うことを基本に研究を進めていこう。

以上のような「授業公開の作法」や校長の考えを繰り返し繰り返し、述べてきたが、そのすべては全員が年間一人1回は日常の授業を公開し合うというためのものであり、これらを通して研究開始2年めにはすべての教師が授業を公開し、全体で年１００回を越えるようになった。年2～3回の授業研究では学校は変われないし、一人でも教室を閉ざしている教師がいる限り学校を内部から変革することはできない。

また浜之郷小学校では、公開する授業も、日常的な授業が奨励されている。それは、非日常的な授業を公開するこれまでの授業研究が、「同僚性」の構築を阻む最大の原因となっていたと考えるからである。非日常的な授業の公開は、教師の発問や指示といった「目に見える技術的側面」のみが話題の中心となったり、あるいは、授業の巧拙を問うものになりやすい。このことが授業公開にあたる教師と子どもに過度の緊張と興奮を強いる結果になっていたのではなかろうか。これでは教師は教室を開かないし「同僚性」の構築は難しい。このようなことから、浜之郷小学校では「年1回のフランス料理より、日々のお総菜料理」的な授業を奨励しているのである。このような取り組みの結果、いまでは年間150回以上の授業研究が行われるようになった。

ただ、年間100以上の授業研究を行うためには、何よりもその時間確保が大事になってくる。今までの学校のシステムでは到底不可能である。浜之郷小学校で研修時間を確保するため取り組んだのが、大胆な校務分掌の改革と会議をなくすということである。このことについては前述したとおりであるが、システム改革なくして研修時間の確保は難しい。つまり、学校の組織と機構を単純化することである。月1回の職員会議以外の会議を廃止し、校務分掌も「一役一人制」にした。私も正直なところ、最初はそれでできるか不安であったが、やってみるとできるのである。このように組織と機構を単純化することによってはじめて教師としての本来の仕事、「本業」を中心とした学校、つまり「校内研修を中核とした学校」をつくることができるのである。

〈発表することより聴くことを重視する〉

浜之郷小学校では、開校以来3年間、子どもたちが「聴きあっているか」が授業研究の話題の中心であった。その前に、浜之郷小学校では「良い授業」とか「うまい授業」をめざしていない。すべての教室で、すべての子どもたちが学び合い、聴き合う授業ができているかをもとめて、授業研究の改革を行ってきた。

授業研究にあたってまず、「上手な授業をめざす」という考えを捨て去る、ということを確認した。「授業の上手下手は、生まれつき」を合言葉に、授業があまりうまくないのなら自分らしい授業をつくろうと、ある種の開き直りを全員に徹底した。というのは、授業がうまくなりたい、と思うのは教師であれば誰でも願うことであり、それをテーマや話題の中心とした研究を行おうとすれば必ず無理がくると考えたからである。このような考えのもと、うまい授業をめざすのではなく、ともに学びあう子どもの学びをつくっていく、つまり「学び上手」の子どもを育てる授業をめざすことを授業研究の目標とした。それとともに、教材解釈と発問技術のみを話題とした「発問研究」中心の従来の授業研究をやめ、そのかわりに安心して学びあい教えあう関係をつくり、さりげない優しさを育むための授業づくりをめざしていった。型を求める研究から、実践事例の検討を中心として一人ひとりの教師の個性を尊重した授業研究へのシフトの変換である。具体的には、教師一人ひとりの「個人テーマ」に沿った授業を、発問や技術といった見える対象を話題の中心とするのではなく、教材の選択と教師のかかわりが子どもの聴きあう関係、学びあう関係をどのように育んでいっているかを、ビデオ記録を見ながら検討するという形がとられた。とくに、子どもの〝聴きあう関係〟については、授業を行う場合の最重要課題とされ、たびたび研究協議の中心となっていった。開校6年めを迎えた本校の授業研究においても、「聴きあう関係」は、最重要課題なのである。

〈公開研究会を開催する〉

浜之郷小学校では開校の年から年1回の公開研究会を開催している。年々参会いただく方が多くなりその数も1300名を超えるまでになり、参加をお断りするような状況が続いている。参会者の数はさておき、私たちが毎年公開研究会を開く意味について述べてみたい。

その前にいわゆる教育委員会等の「指定研究」について考えてみたい。本校のある茅ヶ崎市周辺の指定研究は、通常2年から3年間の指定を受け、その最終年度に研究発表会を開催するのが常である。ただ、その研究を受けるかどうかについては必ずといっていいほど職員会議でもめる。その議論だけで半年以上費やすことも珍しくない。そしてテーマを決めるのにさらに時間を必要とする。テーマが決まり、さらに教科・領域が決まるまでに1年を要することもある。そして次年度、数回の授業研究を行い、2年め、3年めの夏には「研究紀要」の作成にかからなければならない。そして発表会当日には、分厚い研究紀要が参会者に手渡され発表会当日のまとめとして「この研究は緒についたばかりであり課題が見えてきたばかりであり引き続き研究を続けていきたい」という言葉で締めくくられる。

このように、形式主義的に進行し型どおり行われた指定研究が、継続した事例を聞いたことがない。なぜならそのような研究は、本質的には「受け身」の研究・研修であり、「受け身」の公開でしかない。その証拠に、発表会が終わった翌日には、徒労感だけが残って「研究発表会はもうたくさん。指定があたる学校を避けて異動したい」ということになる。事実、発表会の学校をうまく避けて異動していく教師たちもいる。こうなると、なんのための研究・研修なのかわからなくなるのである。だから、受けるか受けないかをめぐって職員会議でもめるのである。それは学校長にとっても何よりもやっかいな問題であり、学校長自身もそういう学校を避けたいという心理が働くのも当然である。

浜之郷小学校では全体の研究テーマはない。個人テーマのみである。研究の成果を一般化したり再現性を求めたりすることもない。研究紀要もあることにはあるのだが、その作成には教職員に負担をかけていない。学校長と研修部の2～3人で書いている。その前に、研究紀要など、文字で表されたものが研究の成果だとは考えていない。研究の成果は、教室の子どもの事実のなかにしかないのであり、研究発表会で一人ひとりの教師がその事実を見てもらい、昨年度とどう違っているか、さらには次年度どのように進んでいくか、それを考える場としているのである。したがって研究発表会は、日ごろの研修活動の一部でしかないのである。印刷物も日ごろの研修の成果を集約したものであり、授業の公開も日常の研修の一環として位置づいているのである。その証拠に、本校は開校4年めまでは、何らかの指定を受けていたわけでなく、まったく自主的に公開を続けてきている。

また、公開研究発表会当日が近づくと教師たちは不安になってくる。そこで同じ教科の授業を行う教師や、同じ学年の教師たちが集まり「対応」を話し合ったり、ひどいときには「想定問答」を話し合ったりする。私はこのことを禁止している。もし自分にわからない質問がきたら「私は、その部分についてはまだ勉強不足です。先生はどのようなお考えですか、教えてください」と聞きなさい、と話している。また、研究発表会にあたってはムダな準備をしないことを旨としている。特別のことを行わない、とくに飾りつけを行ったり、特別の準備をしたりすることはしない。したがって前日の打ち合わせなど、ものの5分で済む。千人以上の参会者がお見えになる発表会といえども日常的な授業公開の延長なのであり、そのことが毎年開催できるコツかもしれない。

〈授業づくりを支える〉

「よい授業をするためには児童理解が必要である」という考えがある。たしかに、教師の指導技術を高めるために、児童心理を学ばなければならないことを否定するつもりはないが、このことについては前々から気になっていた。はたして子どもを教えるために子どもを知らなければならないのか。どうも逆のような気がする。学校長となって授業を行うことができなくなった。そのせいか子どもがいま何を考え、どう暮らしているのかわからなくなるときがある。学校長として、これからの学校をどのように創っていけばよいのか、子どもを知らないことには考えることもできない。このようなことからできるだけ授業を行うようにしている。できれば一単元丸ごとやってみたいのであるが、なかなかそうもいかない。そこで、私は担任と共同で教材開発を行い、分担して授業を行う機会をもつようにしている。「授業を共につくる」ことを通して、自分自身の授業の指導力を復活させるとともに、教師たちと心を開き合った話し合いができるようになるのである。

学校長の指導力についてはさまざまな考えがあろうが、私は授業についての指導力が第一だと考える。そのためにも学校長の授業は大切であり、その他個々の教師の授業づくりの相談にのったり、授業研究への積極的な参加が求められる。しかし、研究協議にあたっては「指導力を発揮する」ために多弁になったりすることは慎まなければならない。研究協議の場にあっては学校長も教諭もない。あるのは子ども一人ひとりの学びをどのようにつくっていくかという、教師としての願いだけであり、その事実の前においては誰もが平等なのである。しかし、研究協議を活性化するためには学校長のリードは必要であり、その兼ね合いが難しい。いずれにしても、学校長の授業づくりへの積極的な参加や、一人ひとりの教師の授業づくりを支えることは、校長として一番大事なことであり、さらには、そのことによってのみ「いまを生きる子どもたち」を知ることができるのである。

〈養護教諭の授業研究への参加〉

学びを通して他者の喜びや苦しみに寄り添い、魂の重さに気づくという教師と子どもの応答的な営みを中心とし、子どもが心地よく感じられるような学級、学校を作っていくためには、保健室がそのセンターとしてたいへん重要であり、いわゆる「ケアリング・センター」として位置づけられる。さらには、悩める母親たちのための子育て支援の役割も担うこととなる。

またこのような学校づくりにおいては、養護教諭の授業研究への参加が重要な要素となってくる。本校での授業研究協議会は、教員はもちろん養護教諭も、ときには学校事務職員も参加して行われている。授業研究が、一時間、一単元におけるクラス全体での内容理解や、授業構成にかかわる議論を中心としたものであるなら、養護教諭等の参加はあまり意味がない。そうではなく、個々の子どもが教室で家庭で、そして地域でどのようにほかの子どもや大人とのかかわり方をしているのか、またはどのように育っているのかを、さらには子どもの弱さや脆さや悩みに応答する教師と子どものいとなみを話題の中心に据えるならば、教員以外の職員の参加が重要であり、とくに養護教諭の授業研究への参加は絶対条件である。

養護教諭の授業研究への参加度合いは、子どもの存在を忘れた教材解釈や、教師の発問とか指示といった、目に見える技術的側面だけが授業研究の話題の中心となっていないかどうかを見る指標、つまり「ケアリング・センサー」なのである。

さらに〈学校づくりのための外部の支援〉があるが、これは第四章に記してある。

命の授業——学校長自ら授業を開く。

ガンと戦いながらがんばる人を支援する
台湾の団体から表彰された大瀬学校長。

熱く授業中の栗原先生。

【第二章】 授業研究協議会の5年間

拠点校指導教員　栗原幸正

浜之郷小学校は、開校5年めにして全国からのべ2万名を超える参観者をお招きして、開かれた校内研修を日常的に実践し、参観された方々と共に新たな教育を模索し続けている。そして、平成15年6月27日（金）に開催された茅ヶ崎市教育委員会推薦研究発表会では、参観した他校の学校長に、「浜之郷小学校の研究発表には感動が抑えられなかった。なぜなら自分の理想とした教室や授業、子どもたちと教師の関係がそこにあったからである。」という最高の賛辞までも頂戴した。

しかしながら、開校当時からそのような校内研修ではなかったことは言うまでもない。東京大学の佐藤学先生のスーパーバイズのもと、多数の研究者、学校長、研修部、そして浜之郷の全職員による試行錯誤・切磋琢磨の賜として形成された。なかでも浜之郷小学校独自の校内研修、とくに授業研究協議会の内容が、大きな反響を呼び、佐藤先生に「歴史的事件」とまで称される教育実践・学校改革として認知されたのである。5年間の授業研究協議会における、授業実践・授業批評に誠実に真正面からぶつかっていった授業者たちの涙、笑顔、真摯な表情が、浜之郷小学校独自の学校文化・教員文化の形成に大きく影響を及ぼしていったといっても過言ではないだろう。

この章では、授業研究を中核とした校内研修実践校を立ち上げ、新たな学校文化・教員文化の形成に挑戦した5年間の職員の試行錯誤を、授業研究協議会の変遷を通してもう一度振り返って記述したいと考えている。その記述をもとに、浜之郷小学校の実践の意味を職員や本章を読まれる方々と共に問い直していければと思う。そのため、本章ではなるべく事実に則して記述を試みるが、授業研究協議会に真摯に臨まれた浜之郷小学校の職員に敬意をはらい、記述に際しても大まかな記述となる場合があることをお許し願いたい。

⑴浜之郷小学校開校と授業研究協議会

本校前著の『学校を創る』（大瀬敏昭著2000　小学館）に詳しくあるように、授業研究や校内研修という文化を十分に経験してきたとはいえない教師たちが、授業研究に取り組むのであるから最初から大きな壁にぶつかった。誰が授業を公開するのか、どのように授業を見取っていけばいいのか。授業後の授業研究では何を述べていけばよいのか。全てが五里霧中という感じであった。

その状況をリードしていったのが、唯一教員として多くの授業研究会を附属小学校の教官として体験している研究主任橋本と、大瀬学校長、そして佐藤　学先生であった。口で授業研はこうだと伝えても、すぐに教師たちがそのとおりに実践できるものではない。いままで体験した形式化した授業研究会での、授業者との人間関係に重きをおいた発言様式や、指導法や教材に関する指摘重視というお作法、ともすれば批判ばかりに終始する検討方法など、改善していかねばならない点はいまから思えば山積みであった。しかし、一番の問題は教職員たちが、何が問題で、どこをどのように改善していったらよいかを知らないという事実であった。地域の教師が多く参観に出かける筑波大学附属小や東京学芸大附属小のような研究会を標榜する教師は多いが、そのように本当に実践したら公立学校の教師は、実力以上に背伸びをし、自滅してしまうだろう。そこで、毎回、毎回の授業研究協議会を授業研究のモデルとして活用し、浜之郷小学校という公立学校にふさわしい校内研修をめざして、授業研究全体の刷り直し、編み直しを図ったのである。

開校1年めの4月より、佐藤先生を講師にお迎えしての授業研究協議会がスタートしたが、1年間に大きく変容が見られたといったら大嘘になるだろう。それは、職員が不真面目だったのではなく、また講師や学校長との反目があったのではない。講師や学校長の打ち出す新たな学校文化に教師たちが対応するには、多くの時間と労力を要したのである。そのことは、開校1年めに行われた「学習公開の日」で明らかとなった。

その日は、全国から400名を超える参観者をお招きして、全クラスの授業公開と研究主任による話題提供授業が行われた。学習参加を取り入れ、多くの保護者もお迎えして、全教職員が授業実践に取り組む姿勢がひしひしと伝わり、まさに一生懸命な授業公開であり、参観者は一様にその一公立学校の開校1年めの授業公開に目を見張ったのである。ところが、授業研究協議会になって雰囲気は一転した。この日は、学校の横を走る「新・湘南バイパス」を素材として、五年生の子どもたちの調査活動の発表について考える授業が公開されたが、400名を超える参観者に子どもたちは慣れてはおらず、全体的には意見の出にくい授業となっていた。その上、その緊張は教師たちにも伝わり、授業後の全教職員による授業研究協議会では、いままでの尺度で測る授業研究に戻ってしまったのである。「あの発問では子どもたちはのらない」「何を学ばせようとしているのか」など、教材論や指導法に関する意見が主流となり、子どもたちの視点での発言は陰を潜めた。そして、「新・湘南国道は単元にならないのではないか」という発言が出ると、会場では「事前研究を職員でやってないのか」「何を研究しているんだ」という声がささやかれるほどであった。

開校1年めは、開校にともなう多くの行事が行われたにもかかわらず、毎月1回の授業研究協議会は粛々と開催された。しかし、それはまさに学校文化、教師文化の再構築の始まりであり、ゆっくりではあるが確実にその浸透を2年め以降に職員は感じることとなる。

(2) 2年め前期―授業研究協議会の外科手術

この地域では、授業研究への苦手意識に加え、法則化運動の悪い側面を教師たちが習得した結果、子どもたちの目を引きつけるモノを中心とした、元気のある活動的な授業が好まれてきた。しかし、それは演出家によって上手に演出された演劇にも似た「すばらしい授業」をめざすものであり、子どもたちの学びとは別次元で構築された授業であった。そして、その授業は常に参観する教師を意識した授業となり、その授業者が評価されるという意味づけの重い授業公開であったといえよう。となれば、教師たちはこぞって見栄えのよい授業に向けて子どもたちを駆り立てていくわけであり、それは「授業ショー」となり、学びのための授業創造という路線から大きくずれていたわけである。2年めから、そのような授業に外科的手術が施されていった。

浜之郷小学校の職員の間では、一種の畏敬の念をもって「浜之郷小学校の三大失敗授業―スーホの赤いコンピュータ―」という話が語り継がれている。それは、開校1年めの終わりから2年めのはじめに実践された三つの実践授業を指し、その後の授業研究協議会のあり方を大きく左右する契機となった、浜之郷小学校の大きな節目となる一連の事件であった。「スーホの赤いコンピュータ」は、「スーホの白い馬」(国語科)、「赤いトマトの選別」(社会科)、「コンピュータでHPを作ろう」(国語科)の三つの授業実践名から作られた造語である。その一つひとつに、教師と同僚、そして授業研究協議会や学校全体を巻き込む大きなドラマが隠されている。ここでは、それを実践した尾崎教諭・谷口教諭、そして筆者の許可のもとに紹介し、そこで何が課題となり、何が語られ、そして何が起こったのかを明らかにしていく過程で、浜之郷小学校の授業研究協議会の質的な変化をとらえてみたい。

「スーホの白い馬」の授業は、尾崎教諭の実践である。それまでに授業研究協議会の話し合いをもとに、開校1年めも終盤にさしかかったころに授業研究協議会にかけられた。「スーホの白い馬」を読んで、黒板にはられた自作の資料を基に、教師の発問を中核として子どもたちが読んだ意見を述べていくという、いわゆるオーソドックスな授業であった。しかし、そのオーソドックスと考える教師側の授業観の問題点を佐藤学先生に次々と指摘されたのである。満足とはいわないまでも、そこそこの授業であると考えていた40代中ごろの尾崎教諭にとっては、まさに晴天の霹靂であり、表情から生気が引いていったという。その噂はたちまち茅ヶ崎市内を駆けめぐり、この授業研究協議会のインパクトは大きかった。とくに浜之郷小学校の職員にとっては、いままで良しとされてきた授業観との決別を意味し、明日の自分の授業、またはいままでの授業を見つめ直す必要に迫られることになったのである。もちろん当事者である尾崎教諭とて例外ではなかった。ここに、尾崎教諭の当時の気持ちを記した記述があるので、それを転記してみたい。まさに、尾崎教諭はいままでの教師としての自分を見つめ直し、新たな自分を探す旅を始めなければならなくなったのである。

〈尾﨑教諭のコメント〉

佐藤先生に国語の授業を見ていただきました。いままでと同じような形式（子どもの気持ちや考えを、順序を踏まえて引き出す・気持ちや考えを引き出すための提示物の利用）の授業をしました。また、授業のなかに楽しい笑い声が生まれるようにも努めてみました。自分としては「まあまあかな」と思いながら、授業研究協議会に臨んだのを覚えています。

ところが、佐藤先生から、「尾﨑先生は、子どもたちをみているようで実は全くみていない」「授業は自分でつくるものではなく、授業に臨んでいるそのときの子どもと共に創るものだよ」「授業は、作為的なものとなってはいけない」などのお話を頂き、「20年間、何をやってきたのかな」と、頭から思いきりなぐられた感じがし、その場にいるのがとても恥かしかったことだけが、いまも強烈な印象として残っています。

いままでは、「授業について、子どもについて、全く考え違いをしていた」と素直に反省し、あの日が自分の新しい出発点と振り返ることができます。しかし、そのときは「自分は教師に向いていないのでは？」と、日ごろは楽天的な私でも結構長い時間、思い悩みました。

「コンピュータでＨＰを作ろう」と「赤いトマトの選別」という2つの授業が実践されたのは2年めの6月と7月の授業研究協議会であった。ＨＰを作る授業は谷口教諭が、トマトの授業は筆者がそれぞれ担当した。谷口教諭は得意のコンピュータを用いて、子どもたちと一緒にグループ毎にテーマを設定して、独自の物語によるプレゼンテーションHPを作り出そうという試みであった。実際の授業においては、教師側がモデルとなるHPを事前に作成してあり、それを視聴してから自分たちの物語をグループ毎に構想しようという活動が組織された。ところが、谷口教諭が子どもたちのやる気を出させるためにと当時流行していた「古畑任三郎」という刑事ドラマの主題曲を挿入したことで、事態は一変する。子どもたちは、すさまじい勢いでハイテンションとなり、多くのチームが殺人事件の物語作りへと走っていき、教室にこだまする「殺す」「死ぬ」の言葉に、参観する教師の表情は曇っていった。

筆者のケースはより深刻であった。大学院の内地留学を終えて、開校2年めの浜之郷小学校に赴任した筆者にはとにかく焦りがあった。それは、大学院を修了したというプライドに加え、2年めの浜之郷小学校にはじめて途中異動してきた者としての周囲に負けたくないという焦りであった。また、著者の40代という年齢も焦りを加速したことは言うまでもない。とにかく良いクラスにして、良い授業を見せなければ、が至上命題として大きなプレッシャーとなっていった。そこで、トマトの選別の授業も、子ども不在だが見栄えのいい、教育技術を駆使した授業構想が練られていた。ところが、教師のためにある授業や教育を子どもたちにはすでに見透かされていたという事実があった。それは連休後にはすでに教室に顕在化し、授業研の行われた7月には、とてもグループ学習が行える実態ではなかったのである。それにもかかわらず実施された授業では、子どもたちの喧騒をベースに、教師の大声で彩られる授業となり、教師だけが目立つ授業という印象であった。そして、この授業を境に教室の雰囲気は一気に落ち込み、その回復に1年半を要することになったのである。

どちらの授業も、子どもの興味を引き出そうと授業者が考えた素材を中心にして、子どもたちが元気に意見を言ったり、作業をしたりするという授業が標榜され、公開された。ところが、授業者の思いとは裏腹に、子どもたちは興味あるものに飛びついたものの、そこには対話という状況は存在せず、ただハイテンションになった子どもたちが、自分の意見だけを言いまくるという喧騒が繰り広げられただけであった。

たしかに見方によっては元気があった、意見もたくさん出ている、教材への子どもの食いつきも十分確保されていた。しかし、その空間においては学びが形成されている気配さえ感じられなかったのである。あるのは興奮した子どもの群れであり、それを大声で制御しようとしている教師の姿であった。

谷口教諭の授業は「このような授業をしているから学級崩壊がおきる」と批評され、筆者の授業は「授業以前の問題だ。そういう授業を行わない学校として浜之郷小学校をつくったのだ」と酷評された。当然、授業者たちは精神的にも落ち込み、浜之郷史上で唯一行われた授業後検討会が開催されたのもこのときである。

ただ、このときの授業者たちが、その後すぐに自己改革・意識改革に自ら足を踏み入れ始めたということ、そして浜之郷小学校の授業研究協議会が新たな側面に入り込んだことを全職員が認知するという点では、大きな意味があった授業研究協議会であったといえるだろう。ここでは、

ＨＰの授業に臨んだ、谷口教諭の手記を記載したい。そこには、大きな変革を自ら行おうとする教師としての真摯な姿勢と、それを支える浜之郷小学校が築いた文化が感じられるのではないだろうか。

〈谷口教諭の手記〉

浜之郷小学校に来て最初に戸惑ったのは研究協議会が７時まで行われるということだった。これまで、５時までの勤務というのが身に染みてしまっていたので、抵抗感が抜けきれずに５時で帰ってしまっていた。授業研究自体も「いままでの研究授業とは違う」という言葉が頭の上を通り過ぎていき、いまひとつ自分のこととしてとらえきれないでいた。そんな、ある意味落ちこぼれていた自分が大きな転機を迎えたのが２年めの６月に行った自分の研究授業であった。

授業自体にはある程度手ごたえを感じていたし、自信のようなものもあった。いままでの茅ヶ崎の授業形態の枠組みでいけば「盛り上がった授業」にくくられて、それなりに終わっていた授業だった。当然、そういう授業は浜之郷では否定されるわけで、研究協議会は開校以来の厳しいものとなった。教材性、授業の目的、さらには授業以前の問題として子どもの育ちやクラス作りなど、ほぼ全ての項目にわたって意見されたのを覚えている。

この協議会を終えて一番強く感じたことは、佐藤先生に対する申し訳なさであった。お忙しいなか、せっかく来ていただいた協議会を自分のせいで台無しにしてしまったのではないかという思いが自分の頭を支配していた。いままでさぼっていたツケが一気にまわってきたのだった。周囲の同僚もこのままでは潰れてしまうと心配してくれたのだろう。浜之郷では異例の学年協議会を設定して、さらに問題点と今後の展望を助言してくれた。

このまま終わるわけにはいかない。もう取り返しはつかないが、クラスを立て直すことで少しでも応えていきたいと思った。そこでまず行ったのが、同じ日に研究授業を行なった山﨑教諭の授業を改めて見ることだった。山﨑教諭に「もう一度授業を見せてほしい」とお願いした。「いいですよ」というのが普通の応対であろう。だが山﨑教諭は「こちらこそ、お願いします。見て、ご指導ください」と言ったのである。まず、その姿勢にうたれた。子どもに対する誠実な姿勢はそのまま普段の言動に表れる。こちらがお願いしているのに、逆にお願いされるという姿勢に「根本から変えなければいけない」と感じた。そして授業の様子を見てまねをするのではなく、このようなクラスにしていくためにどうしたらよいかを考えていった。言葉づかい、声の大きさ、子どもの考えに寄り添うこと…。おそらく、ほかの同僚がこれまで取り組んできたことを遅ればせながら自分も始めた。子どもが子どもの話を聞けるようにするためには、まず教師が真剣に聞く姿勢を示さなければならない。教師が浮ついた授業をすれば子どもも浮ついてしまう。そんな、基本的な部分が自分には欠けていたことを再確認した。一つの言葉を大事にし、丁寧な授業づくりにも意識が回っていなかった。とにかくそれ以来、授業や学級・子どもたちへの対応で考えついたことはすべてやったように思う。それでも、クラスが立ち直ったような意識はあまり感じなかった。

そんなクラスをもう一度見てくれたのは佐藤学先生だった。半年後の授業研究協議会の日であったと思う。佐藤学先生が全クラスを見回るなかで自分のクラスを見て「よくここまで立ち直った」と、後で話してくれたのである。正直にうれしかった。これで少し返せたかなと思った。

この日、私ははじめて浜之郷の一員になったような気がした。

いま思い起こせば最初の1年間、自分は何にこだわっていたのだろう。つまらないことにこだわって遠回りをしてしまった気がする。しかし、この厳しい研究協議会がなかったらいまの自分はありえない。とんでもない授業をしながらも支えてくれた佐藤学先生、快く授業を見せてくれた山﨑教諭、そしておそらくは当人よりも真剣に心配してくれた同僚の先生のおかげでいまの自分がいる。浜之郷での5年間がそれまでの15年間に勝るとも劣らぬ厚みを感じさせてくれたのは、このような経験のおかげである。


では、このあと浜之郷小学校の授業研究協議会に、どのような変化があったのだろうか。まずいえることは、授業を子どもの側から語るという立場への変換である。子どもたちにとってその授業がどのような意味があったのか、どのような学びが形成されたのかを見取る力がもとめられるようになった。とくに教師と子どもたち、または子どもたち同士のかかわりあいが注目され、それが構築できていない状況や要因はある意味で厳しく批評された。また、このかかわりあい重視の観点から教材も再検討され、このころから質の高い授業構築のための教材創造が目指されるようになってきたともいえよう。そして、「授業って何?」「教材って何?」「教科って何?」という教育のタームが再吟味され始めたのも、この三つの貴重な授業研からであろう。そして、よりよいかかわりあいをもとめる教師たちは、休み時間も惜しんで子どもたちとかかわることを実践しはじめ、子どもたちにとっても大きな福音となった授業研究協議会であったに違いない。

ここで、そのあとの3名の教師たちを簡単に記述しておこう。尾﨑教諭は、誠実に子どもにかかわる授業とは何かについて自問し続け、そのための一番の近道は自分を取り巻く人たちみんなに誠実にかかわる自分を生み出すことだと選択した。けっして嘘がない授業や周囲への対応は、子どもたちや保護者、同僚たちに「信頼」という大切な絆を結び、現在ではその絆の見張り役として教務主任を務めている。谷口教諭は、授業後の自問自答のときを抜け出し、スポーツウェア一辺倒であったそれまでの教師としての自分と決別する。毎日スーツという形で、子どもたちにも、同僚にも大人としての丸腰の自分で臨んだ。子どもが足を痛めれば、スーツでリヤカーを引いて自宅まで送る。また、悪戯した子には教師としてではなく、大人として厳しくしかる谷口教諭の姿があった。学級には、いい関係が流れ、卒業式で素敵な笑顔を見せた谷口教諭は、いまは学年主任としてそのときの経験を生かして後輩の指導にあたっている。最も状況が深刻であった筆者のクラスは、その後混迷が続いた。教師であることから逃避できない自分を夏休み中に感じ取り、それこそなりふり構わず自分を出して現状回復に努力した。その苦しみのなかから「マクドナルドをつくろう」という実践が生まれ、その学習によって学級の再生をみるのである。子どもたちとかかわりあうことに心を砕き、そして迎えることのできた笑顔の卒業式の日の思いを忘れずに、その後研修主任として、また拠点校指導教員として、浜之郷小学校の子どもたちの学びを支えているつもりである。

(3) 2年め後期――葛藤する教師たち

長年染みついた授業への考え方、授業づくりの方法、子どもたちとのコミュニケーションの取り方が、短時間に変容することなどあり得ない。2年めの後半は教師たちの葛藤の時期であったことは、前述した3人の教師たちの記述からもおしはかれるだろう。授業研究協議会における佐藤学先生のご指導も、旧来の教師文化、授業文化、学校文化を否定する内容が多くなり、それに慣れ親しんできた教師たちにとっては、カルチャーショックの連続となった。そして学校長がその変革に即応する形で学校システムの改革を実行することが重なり、教師たちの変革へのプレッシャーはいやがおうにも増していったといえよう。そして、その状況のなかでの第2回教育研究発表会を開催することになった。

参観者は1回めの500名をはるかに超え、900名にまでふくらんだ研究会で授業を公開しなくてはならない。そして学びの共同体の意味は教師一人ひとりがまだ十分把握していないにしても、参観者に子どもたちの学んでいる姿をお見せしなくてはならないだろう。しかし、そのようなことを見せるためにはどうすればよいのか。普通の授業を見せればよいと言うけれど、自分の普通の授業などそもそもあるのか。それでもやっぱり、いい先生、いい教師に見られたい。そんな葛藤が、教師たちの脳裏をかすめていた。そして、ここで大きく二つの流れが教師のなかに自然と生まれたことは、あとで大きな意味をもってくるのである。一つの流れは、やはり今までの授業観や教材観をもとにして、そこから方法や内容を再構築していこうとする方向性である。

そして、もう一つは教師の開き直りにも似た、「自分にはこれしかできない。ありのままでやるっきゃない」という方向性であり、これが授業研究協議会における失敗や評価と微妙に関連していることも書き添えておきたい。前述の「スーホの赤いコンピュータ」の3名の教師たちは、当然後者の方向性を選択していた。いわば土壇場での選択が後者であったかもしれない。

900名に上る参観者をお迎えして、第2回浜之郷小学校教育研究発表会は、教師のいろいろな思いを乗せつつも、胃ガンの摘出手術で闘病中の学校長が不在にもかかわらず、盛況の内に幕を閉じた。そして、その翌月からまた授業研究協議会は、何事もなかったように毎月行われた。このとき教師たちは感じたのかもしれない。浜之郷小学校の研究は、山場も終わりもないものだと。

(4) 3年め──授業研究協議会の2番めの大きな節目

2年めで築かれた授業研究協議会の方向性は、3年めも継続された。3年めはいよいよ質の高い授業づくりが目指されることになる。直接授業研究とは関係しないが、今後の授業づくりに示唆を与える実践が2年めまでにいくつか生まれ出ていたので、それをポスターにしてプレゼンテーションする活動が推進され、授業創造が教師たちの目標になり、プレッシャーにもなっていった。また、出版業務もそれをさらに後押しをし、浜之郷小学校の教育実践づくりは本格的に始動したといえよう。

このような状況を受けて、授業研究協議会もさぞかし、教材論や授業構成論、発問の工夫や教材提示の仕方などの方法論に検討が向いていくかと思われたが、現実は逆であった。これは、佐藤学先生と本校学校長の理念でもある、かかわりあいを大切にした授業を通して、質の高い教育を実現するという方向性が強く働いたこともあるが、実際には質の高い授業を目指そうとすればするほど、子どもたちとどうかかわり、その学びの実態をどう見取っていけばよいかが教師たちの前に高い壁となって現れたからである。しかし、前節で述べたように、旧来の方式に寄り添いつつ授業を再構築しようと試みる教師たちと、ある意味開き直って自分という教師の存在の問い直しを前面に出した教師たちとの間に温度差が出てきたのも事実である。そしてそれが、3年めの終わりに、新たな節目を生み出すきっかけとなっていく。

3年めの授業研究協議会は、よりクラスの子どもたち一人ひとりに関する話題が登場するようになってきた。教師たちは、多くの場合、子どもたちの問題が浮上してくると、まずは子どもたちの自己責任、そしてその子の生育環境にその理由を求める。そして、自分を当事者から切り離した第三者として位置づけ、本人なり、保護者などの責任に転嫁し、状況が好転しようがしまいが自分に関係する問題としては解決したことにしてしまう傾向がある。

ところが、浜之郷小学校では、子どもの問題が公開した授業を通して語られるため、そのような転嫁はできない。あくまで、その授業を通して、教師と子どもたちのかかわりが批評されていく。この時期、授業のうまさや、教材組み立てなどの教師の指導力に関する話題よりも、教師と子どもたちのかかわりあいに関する検討が中心となった。教師の技能的側面も、どのように子ども同士のかかわりを深めていくか、教師とのパイプを深め、教室全体にかかわりの関係を構築していくかの議論が盛んに行われていたことを記憶している。それは、言い換えれば教師の人間性に、授業研究協議会が肉薄していった瞬間だといえるかもしれない。

3年めも後半を迎え、研究発表会が目の前に迫ってくると、先ほど述べた教師間の温度差が、具体的事例として浮上してきた。これは、浜之郷小学校の地域性や、分離校としてのスタート、さらには開校3年めの緊迫感の薄れなどの要因が多様に絡み合っていると考えられるが、旧来の方法論に依拠しつつ再構築を図ろうとした教師たちが、なかなかかかわり合いを構築できずに立ち往生し始めたようであった。授業研究協議会も、授業の批評から、学級経営的な内容、教師の人間性を出す必要性、癒しの関係の問題、子どもの認知に関する領域など、検討項目は多岐に渡り、気づけば7時をすぎる授業研究協議会も多々存在した。

この時期、研修部内部で教師の三つのタイプという話題が話されていた。それは、左記の三つのタイプである。

Aタイプ：カリスマ性内在教師

Bタイプ：教育技術系スーパー教師

Cタイプ：ケア遺伝子内在教師

呼び方には問題があるが、言い得て妙なところがあるのでそのまま記載することにした。それぞれのタイプにはそれをイメージできる浜之郷小学校の職員がいた。たとえばカリスマ性内在教師は西岡教諭である。独特の風貌と一瞬他者をたじろがせる雰囲気には、カリスマ性を感じざるを得ない。そして、彼の実践する授業は、参観者に「ここまでの授業をすることができるのだろうか」とまで言わせたように、子どもたちと教師が本当に素敵なかかわりあいをもって学びを追求できるものであった。同僚の教師も、見ていて鳥肌が立ったと、その授業に立ち会ったときの気持ちを後述している。ただ、彼の授業は、彼にしかできないものである。それは過去に経験した学級の混乱を乗り越えたなかで醸成した、西岡教諭独自の教育観やセンスに裏づけされたモノであり、手法や授業構成などの頭によってできたものではなく、西岡教諭の言い方を借りれば、ハートの問題だからである。

Bタイプの教育技術系スーパー教師には、川崎教諭がイメージされる。彼は教師になる前、優秀な塾の講師であり、初任給よりも高額の収入を得ていたという。教材提示や効果的な授業構成、学級のムードを盛り上げる巧みなトークとパフォーマンスで、学級の子どもたちを目標に向けて上手に鍛え上げていく技術には定評があった。そして、日本全国の多くの教師たちの目標は、このような熟達した教育技術や手法をもったスーパー教員になることであり、「うまい授業」を標榜してきたといえるだろう。しかし、川崎教諭自身が浜之郷小学校での取り組みのなかで、自らの変革をしていかなければならなかったことも事実である。それについては川崎教諭の実践報告をお読みいただければと思うが、何よりも川崎教諭が「浜之郷小学校で辛く大変なことは、〝自分の顔〟を自分で確立させていくことである」と自ら記述したように、技術や手法をいくら身につけても、それは所詮借り物であり、本物には成り得ないということであろう。

Cタイプのイメージは、毛利教諭である。子どもたちとかかわる物言いや、視線が常に暖かさに包まれている。学級の子どもたちも自然にかかわり合いが生まれ、しっとりした雰囲気がいつも漂っている。これは、毛利教諭のもち前の柔らかさや優しさに裏づけされた他者との対応や、母としての毅然とした態度が子どもたちに伝わっていくのだろうと推測するが、当の本人はそういう面を内在していることには気づいておらず、現状に満足はしていない。やはり、より質の高い授業の創造のために、技術や手法、言い換えれば教育技術系への憧れを強くもち続けているのである。つまり、三つのタイプの一つだけを洗練しても、それは課題を大きくしてしまう可能性が高いということであり、三つのタイプのバランスを一人の教師のなかでうまくとっていくことが大切だということを示してくれているといえよう。

このように、三つの教師像の側面をいくらかずつもち合わせているのが教師の実態でもあり、カリスマ性やケアだけの教員というのは存在しない。しかし、そのどこに浜之郷小学校の職員が魅力を感じているか、または目指しているかが、この時期の授業研究協議会を通して見えてきたことで、研修部で話題にあがるようになったのである。つまり、教師一人ひとりが、今までの自分がどんな教師であったかを自ら見つめ直し、自分の新たな方向性を探る模索が、この時期始まったのである。

前述の3名の記述にあるように、自分の依拠するタイプから、違うタイプへの希求は、既存の自分からの脱皮への思いである。特に技術・手法を高める方向性から癒し（ケア）の方向性への希求は、技術・手法を高めることで、子どもたちを鍛え上げていこうとする方法論への行き詰まりが授業研究協議会を通して見え始めてきたからである。浜之郷小学校の子どもたちは、手法や技術では、とても学びを構築してはくれないという、教育技術系からの脱皮が注目されたのである。

ただ、その脱皮には個人差が当然存在し、脱皮の仕方もさまざまであった。開き直りにも似て過激に脱皮を果たした「スーホの赤いコンピュータ」の面々、授業を通してじっくりと着実に脱皮する教師、そしてもちろん、脱皮する勇気がなかなか出せない教師もいた。しかし、脱皮を拒み、さらに皮の補強に走った教師を、浜之郷の子どもたちは見逃してくれなかったのも事実である。自分が変わらなければ、何も始まらない。それが3年めの厳しくも苦い経験となって、教職員に共通理解となって浸透し、新たな浜之郷小学校の教師文化が形成されていった。この時期が、一番涙の多い授業研究協議会であった。そして、その涙はその後の浜之郷小学校にとって、滋養の涙となったと認識している。

(5) 4年め――変わる教師たち、変わる子どもたち

4年めとなると、授業研究協議会もある種のゆとりが生まれてきた。3年めで噴出した子どもと教師のかかわり合いの課題も一段落し、教師一人ひとりが誠実に子どもたちに、授業に取り組んでいくことが一番大切であるという共通認識が、3年めの授業研究協議会を通して形成されたことも手伝って、各教室で教師と子どもたちの素敵なかかわりあいが組織され始めた。もちろんそれには、3年めの反省から始動したケアリングシステムにおける、於保養護教諭と、県立茅ヶ崎養護学校相談部地域担当の瀬戸教諭のそれこそ献身的な支援体制、さらには田部井事務主査の校内研修への財政サポートなど、用務職や栄養士・給食場・図書司書を含む浜之郷小学校の職員

全体が、4年めから有機的に・人間的にかかわりあって子どもたちに誠実に接していこうする一つの意志をもったことが、最も大きな要因となっていることを忘れてはならない。

さて、浜之郷小学校の授業研究協議会が変容してきていることを私たちに強く印象づけたのも、また授業研究協議会を通してであった。この年の授業研究協議会にはカードを使って授業分析を行う京都大学の故藤岡完治先生と早稲田大学の田近洵一先生を講師としてお呼びしていた。そしてその授業研究協議会で、浜之郷小学校の目指してきたものを一つの形として見せつけられることになった。

カードを使った授業分析とは、授業を見たあと、参観者がその授業を見て感じたことをランダムにカードに記入し、それをグルーピングすることによってその授業を見取っていこうという方法である。その方法を、本校で実践してみると、藤岡先生、田近先生の御両名とも不可解な表情をなさっていた。うかがってみると、それはほかの学校の研究会においては、多数のカードが集まる教材解釈や授業方法に関する項目にカードがほとんどないのでおかしいということであった。そのかわり、子どもと教師のかかわりや、子どもの学びの姿、そして子どもたちの活動の様子に多くのカードが集まっていたのである。それは、浜之郷小学校の授業研究協議会が、子どもたちの学びを中心に授業を見取っていこうという取り組みを継続的に行ってきた大きな成果である。そのとき、浜之郷小学校の研究の大きな目的が、教師の意識の変革、つまり教える側から教えられる側へ、学びと育むへのシフトの移行であったということが形となって現れたということが認知されたのである。当日会場でそのカード分けの様子を、目を細めてご覧になる大瀬学校長と、その横にたたずむ於保養護教諭の表情が非常に印象的であった。

⑹5年めそして6年めへ—異動者を迎える—

浜之郷小学校も4年めを過ぎ、公立学校ではさけることのできない異動の時期を迎えた。多くの職員が異動して、新たなる浜之郷小学校のスタッフが迎えられたのである。4年間、開校以来勤務する職員が積み上げてきた浜之郷小学校の授業研究協議会の文化をどう共有化していくかという新たな課題に浜之郷小学校は直面したといっていいだろう。はたして、次の浜之郷小学校を担う方々に、いままでのスタッフが4年かけて自らはぐくんだ学ぶ側に寄り添った教師文化を、自然と伝えていくことができるのだろうか。また、開校時からの職員が異動者を迎え、自らに甘えることなくさらに自分を高めていけるだろうか。新生浜之郷小学校のスタートである。

開校以来の職員は、次のような言葉で5年間を振り返っている。

(小野教諭のコメント)

自分らしさが何なのか、というのをいつも考えてきた。答えが見つかったと思いかけてはまた消えるのくり返しで、そのうねりが大きく意識され続けてきた5年間だった。

(上園教諭のコメント)

それまでの、教員として常識だと考え思っていたことの多くを、打ち破ってくれたことが浜之郷小学校の良さである。学校長が我々に突きつける「学校とは」「教員とは」を理解すると言うよりは、自らの身体が理解するのに2年強かかった。わかっているのに身体がいままでの教員としての動きのなかでついつい動いてしまう最初の2年間だった。

〈福谷教諭のコメント〉

自分のスタイルを自覚できるまで焦りました。それぞれ独自の実践をされるなか、自分は何をしたいのかを自問自答し、自分のペースで取り組もうと腰が据わるまで所在ない気がしていました。これでよいのだという自信がなかったのかもしれません。

5年間の自己変革の孤独感と苦労が、短いコメントではあるが染み込んでいるのがおわかりになるであろう。大瀬学校長がよく口にする「孤独に耐えろ」をみな自ら実践してきたことがうかがえる。では、異動者の方々にはどのように浜之郷小学校は映ったのであろうか。

平成13年度に異動者の先陣を切って来られた上條教諭は、積極的に浜之郷小学校の文化吸収に努められ、浜之郷小学校が授業のこと、子どものことを真剣に考え、そのための学校全体での助力を惜しまない雰囲気をもっていることが大好きであると述べている。この雰囲気のことに関しては、平成15年度に異動してきたばかりの高橋教諭も述べており、その雰囲気に心地よい緊張感が存在するとまでいわれる。他市からの異動者である川野教諭、そして浜之郷小学校の開校時の新採用教員である山﨑教諭は、その雰囲気について次のようにコメントしている。

〈川野教諭のコメント〉

先生方が熱心なので、自分もがんばろうと刺激になっています。一人ひとりが責任をもって、仕事に取り組んでいるので、頼みごともしやすいし、何か仕事があるときに協力しあう姿勢が素晴らしいと思います。何より一人ひとりが認められている（当たり前のことですが）こと。それは授業研究協議会における先生方の言葉からもわかりますし、普段かかわっていても伝わります。これがない職場というのは、居心地の悪い職場なのではないでしょうか。

（山﨑教諭のコメント）

職員が前向きで、子どもたちに寄り添っている。「やってみよう」という気持ちがどの場面でも見られる。そして「やるからにはいいものにしよう」という思いが授業研究協議会でも、行事のときでも強く感じられる。〝子どもに対しての誠実さ〟が一番大切であることを、先生方から学んだ。

しっかりとした自律性に支えられた同僚性のある職場の居心地の良さと、また教師としての使命感の自覚が可能になる浜之郷小学校の日々の実践が、異動者にこれほどまでに伝わっているのかと、驚きが隠せないというのが率直な感想である。

しかし、すべてが問題なく順調に推移しているわけではけっしてない。また、もしそうだとしたら、どこかに嘘があるだろう。教師たちもまた血の通った、プライドやいろいろな思いや歴史を背負った存在である。何事もトントン拍子に運ばないのが常である。それ故、異動者や新採用者と開校からのメンバーとの切磋琢磨や葛藤、また悩みや苦しみが、日々の取り組みのなかに静かに横たわっているのも事実である。その葛藤や悩みを素直に外に出していける浜之郷小学校の文化と教師たちの誠実さに敬意を表したうえで、まずは、他校からの異動者たちの記述を見ていただこう。そこには、開校3年目までに浜之郷小学校の教師たちが味わった同じ壁、同じ悩みが見事に映されている。

(赤﨑教諭のコメント)

教師生活20年間で、初めて自分らしさ、自分探しをする機会に恵まれたことに感謝している。しかし、昨年1年間は、自問自答のくり返しであり、辛くもあり有意義な時間であった。そして、毎日何かに追われているような感じで、落ち着かなかった。

(浦山教諭のコメント)

打ち合わせや学年で、日常に会えるチャンスが少ないため、いつも何かしなくてはいけないことがあるようでないようで、不安がいっぱいあって自分自身が安心できない感じだった。自分にとって、いままでの生活のなかで、いかに自立性・自律性がなかったかを痛感し、そこからの出発となった。

(森田教諭のコメント)

学校の環境と方針の違いにとまどった。そして、いままでの教師経験で知らないうちに体に染みこんだ文化が自分の邪魔をしていることに悩んでいる。自分のなかに授業を見られることが恥ずかしい自分がいて、いまはそれに慣れることだと思う。

（野呂教諭のコメント）

来校者が多く、いままでの学校では経験したことのない緊張感がいつもあります。自分を高めていくには必要なこととわかってはいるものの、慣れることができないでいる今日です。いままでやってきた仕事に対する姿勢を振り返って、自分にできること、力をつけなくてはならないことを真剣に考えるようになりました。そのときどきに子どもたちに向かい合うことができなかったこと、力不足なことが思い出されるのが辛かったところです。

まわりのみなさんがしっかり進める力のある先生方なので、自分が小さく思えてしまうことがたいへんな反面、このなかで一緒に仕事が出来ることがとてもうれくもあります。

浜之郷小学校には、いったん、現場を育児のために離れ、2年間という変化の時代を飛び越えて平成15年より現場に戻られるという貴重な体験をした教諭がいる。平成15年度に4年生を担当している長坂教諭である。タイムスリップにも似た経験は、長坂教諭にどんな思いを感じさせたのであろうか。

（長坂教諭のコメント）

学校がこんなにも絶えず変化する場であったとは正直思っていなかった。復帰して感じた職員室に漂う未来にむけて張りつめている空気。教師一人ひとりが自ら学ぼうという姿勢にたち、それが当たり前の姿として定着してきた証を感じた。さらにこの空気が原動力になり、謙虚にかつ力強く変化する学校の姿を見た。一本の幹にしっかりとした方向性を持ち、明確化された環境のなかで、一人ひとりがそれを理解し「自分らしく、自分にできること」を追求し続けている。教師はこうでなくては、またこうありたいと思う反面、長々と離れていた私にとって取り戻すまでにはまだまだ時間を要しそうである。

では、浜之郷小学校に新採用で赴任した教師たちはどんな思いをもったのであろうか。教育実習や非常勤での職場経験がある教師も多いが、責任ある学級担任として学校に勤務することがはじめての者たちである。彼らは、浜之郷小学校で何を見て、そして何を感じたのであろうか。その一部を彼らの記述のなかから読みとることができる。

(中西教諭のコメント)

授業研究協議会等を通して、さまざまなことを学ぶことができます。そして何よりたくさんの教師の考え方にふれることができるのが、浜之郷の良さだと思います。そして、子どもたちと1つの課題について、共に考え、深めていけるような、そのような授業を作っていきたいです。

(増家教諭のコメント)

自分の得意分野をいかした授業をするということが一番たいへんでした。自分らしい、自分にしかできない授業とはどんなものか。また、それをどのように子どもたちと進めていくか。考えるのも実施するのも苦労の連続でした。教壇に立つのもはじめてだった私にとって「普通」といわれる授業がどのようなものかもよくわからないままのスタートだったので、自分で単元をつくる、ということはものすごく遠い存在でした。今もまだよくわかっていないと思います。

（三浦教諭のコメント）

校歌がとにかく素敵です。こんなに一生懸命校歌の合唱に取り組む学校はほかにはないと思います。私は大好きです。

（入澤教諭のコメント）

浜之郷小学校が、新採用教員を〝みんなで育てよう〟という学校であることをとても強く感じています。所属学年の先生方を始め、学校全体から、日々多くのことを学ばせていただいています。とくに授業に関しては、お互いに公開し合っているので、先生方の子どもたちとのかかわり方を見ることができ、たいへん参考になっています。これらも浜之郷小学校以外では決して学ぶことができないことだと思います。

浜之郷小学校が、最も大切にしていることは子どもたちのために授業を誠実にしていくことである。表現こそ違いはあるが、いまそこにいる子どもたちに、授業を通してかかわっていくことに真剣に悩む、またあこがれる新採用教員がいることが、私達の大きな誇りであり、喜びである。この新採用の方々が、浜之郷小学校の文化の継承者としてではなく、新たなる創造者となってくれることを願ってやまない。同じく新採用教員の松永教諭と堀内教諭のコメントにその願いを託したい。

（松永教諭のコメント）

着任してから半年ほど辛いと感じていたことがあります。それは、浜之郷小学校のネームバリューです。平成14年度の新採用として着任し、いろいろなところで「浜之郷はすごい」ということを耳にしました。とくに夏のセミナーでは、全国から教員が集まり、浜之郷の良さを吸収しようと必死でした。その様子を見て私は途方に暮れ、授業が何であるかすらわからない私にとっては、とても脅威でした。しかし、その評判とは裏腹に、本校のスタッフは実に丁寧に私にかかわってくださり、自分なりのものを見つけることの大切さを教えてくださいました。そして、いただいたアドバイスをもとに授業を組み立て直し、クラスをつくり、日々を過ごしていくと、少しずつ浜之郷の正体が私なりに見えてきました。教育の真実を求めようとしているのでしょうか。いまはそのように考え、私自身も日々新たに悩んでいます。2年めになって思うことは、「まず浜之郷ありき」ではなく、「まず自分が教師であることを大切にする」ということを学びました。

（堀内教諭のコメント）

浜之郷小学校に新採用として多くのことを学ばせていただき、本当によかったと思います。なぜなら、2年間学ぶ側にいた私は思うのですが、この浜之郷小学校には、授業を見せ合って、それを授業研協議会で討論するという、看護教育と同じような、教師が自ら臨床的に学ぶ体制があるからです。

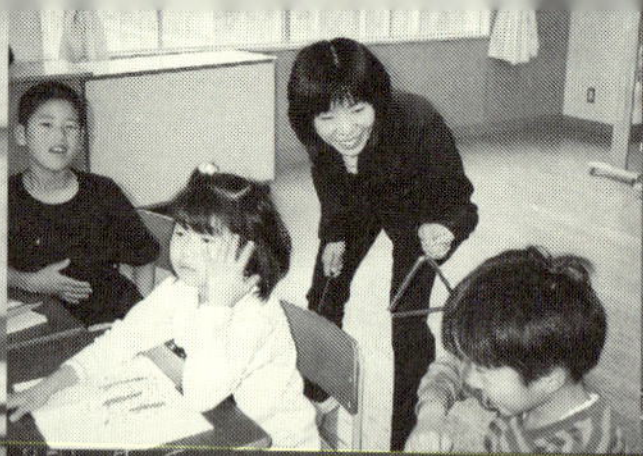

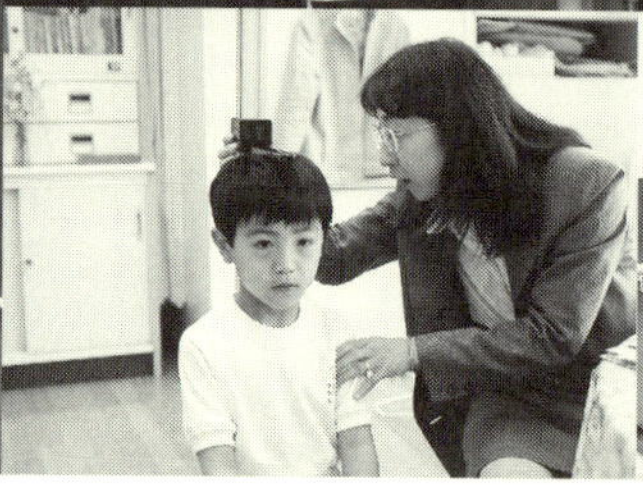

校内研修中心の学校運営・画一主義と権威主義の克服
改革のエネルギーは同一性からは生まれない。学びを生み出す差異の中で改革のエネルギーは生み出される。――　子ども、教師、親一人ひとりの個性と多様性を尊重しなければならない。

教師の自律的連帯
専門家として学び合う同僚性の関係を築くには、
聴き合う関係とそこから生まれるダイアローグ（対話）の関係を
築かなければならない。「いい授業」を求めるので
なく、子ども一人ひとりの学びを実現し、保障すること！

校章

【第三章】授業の風景＝創造と挑戦

(1) 授業を変えたら　自分が変わった

平成13年度　4年生　算数科実践　『分度器の秘密を探ろう』より
――挑戦！　我が授業スタイル改革――

川﨑達雄

⑴誰のための授業

「授業は誰のためにするのか？」

これは、浜之郷小学校が開校した年（平成10年）の5月、浜之郷小学校で行われたはじめての授業公開研究協議会の席で、講師の佐藤学先生からいただいた私の授業に対してのご指導のお言葉である。

またさらに、2年の月日が過ぎたある日、大瀬敏昭校長より突然次のようなご指導を頂戴した。

「川﨑さん、『教師は、授業を通してのみ、教師である』だよ」

「いま、川﨑さんは恐らく教師としての壁にぶつかっているのだと思う。それがどんな壁で、それをどうやって乗り越えていくかは、自分でしか見つけられないと思う。とにかく日々の授業をいま以上に大切にしていきなさい」

知らず知らず、毎日の授業のなかで自分の授業を見失っていく私に気づいてくださり、叱咤激励してくださったのだ。

しかしながら、私は、何の打開策もないまま、悶々たる時間をただ悪戯に送るだけであった。いま思うと、その間過ごした時間は、せっかくご指導いただいた意味を理解しようともせず、いま自分の目の前で起きている事実からただひたすら逃避することばかりしていた。正直、現状を受け入れることが怖かったのだ。いままでやってきた自分のスタイルにまったく身勝手な自信をもち、揺らぎ壊れかけている自分をけっして認めようとはしなかった。

浜之郷小学校が開校して丸3年が経った。職員の配置換えも行われ、浜之郷小学校の雰囲気も少し変わってきた。仲間（同僚）が変わっていくことで、浜之郷小学校に新しい風が吹き始めていた。現実逃避を続けてきた自分にも嫌気がさしてきた私は、何とかこの新しい風に身を任せ、いまの自分を変えたいと思うようになった。『授業は、誰のためにするのか？』佐藤学先生にいただいた言葉を、まずは受け入れてみようと、ようやく思えるようになった。それにしてもご指導いただいてから随分時間がたってしまったものだ。

そこでまず、いままでの自分の授業を振り返ってみた。実によく練られたものであった。導入から展開、その途中で子どもたちを驚かせるような小道具があり、授業の後半では再び大どんでん返しが用意され、実に〝楽しい授業〟であった。教室の中心はいつも授業者である私だった。教室には、私と大勢の子どもたちがいて、そこに子どもたち一人ひとりの個性は存在していなかった。まさに私は〝教室の独裁者〟であった。私の授業は、私の決めたメニューを子どもたちが正確にこなしていく、私は子どもたちを教え導く役目、子どもたちは私から教わり覚える役目、といった完全な二項対立形態になっていることに気づいた。教室に、子どもたちはいるが、子どもはいない、そんな授業をしていたことに気づいた。このとき、『授業は、誰のためにするのか？』という問いに、私はやっと答えられるようになった。授業は、子ども一人ひとりのためにしなければならないのだ。このことに気づけた瞬間、私は子どもたちに対して申し訳ない気持ちになった。いままで自分よがりの授業を繰り返し、子どもたち一人ひとりの尊厳を無視し続けてきたことを、私は深く反省するほかなかった。

(2) 私の授業から、教室にいる○○ちゃんや□□ちゃんの授業へ

まず取りかかったこと、それは、自分のいままでやってきた授業スタイルを改めることであった。私は、以下の3点を努力目標においた。

一つ、授業はシンプルに。子どもたちの気持ちを授業内容以外のところで不自然に緊張させたり、過度に奮い立たせるような行為を一切止めることにした。「授業はシンプルなほど良い。子どもに本質をそのまま誠実にぶつけなさい」という、佐藤学先生のご指導を具現化する挑戦でもあった。

二つ、教材と子どもたちとの出会いを確実に。子どもたち一人ひとりがしっかりと教材に対峙することを一番の目標に置いた。授業のなかで、子ども一人ひとりが①ヒト、②モノ、③コトとの対話をしていけるような展開を心がけた。

三つ、流れを子どもたちに委ねること。まず授業づくりの段階では、「ここまでいかなければいけない」と自分自身を縛らないこと。そして、授業のなかでは、子どもたちの考えや呟きに耳を

傾けながら、そのときに生まれた雰囲気や流れを敏感に感じ取り、大切にすること。
以上3点を私の授業改革の柱に据え、自分のしてきた授業スタイルの改善に挑んだ。

(3)自分の授業スタイル改革の挑戦

平成13年度の5月、第1回授業公開研究協議会に、私が授業を公開することに決まった。講師は佐藤学先生であった。佐藤学先生に授業を見ていただくのは、平成10年の5月に「授業は誰のためにするのか?」というご指導をいただいて以来であった。4年4組の担任をしていた私は、前回見ていただいたのと同じ教科、算数を公開することにした。単元は『角』を扱うことに決めた。子どもたちにとってはじめて扱う分度器をいかに新鮮に出会わせるかを、私は授業の中心に据えた。

公開授業の直前、子どもたちはいつものように休み時間を満喫して教室に戻ってきた。休み時間の余韻を引きずり、なかなか「授業を始めるぞ!」という頭の切り換えができずにいた。私は、今回の授業は分度器と子どもたちを出会わせるコトに焦点を絞っていたので、子どもたちが落ち着いてくれるのを黒板の前で腕組みをしてじっと待った。あとに私のこの態度は、授業研究協議会の席で、佐藤学先生より次のようなご指導をいただくのであった。

「授業は何といってもその始まりが大切です。ガチャガチャした雰囲気のなかで、焦って授業を始めてしまったら絶対にだめです。その点からすると、今日の川崎さんの始まりを大切にする姿勢、じっと待つことができたのはたいへん良かったと思います。ただ、子どもたちの目の前で、腕組みをするのはいただけなかった。あの態度は、子どもたちに対して受け入れを拒否する無言のメッセージを示しているに過ぎないからです」

授業の奥深さを教えていただけた。

子どもたちがやっと落ち着き、授業を始めることができた。黒板に今日の日付と今日の学習内容である「分度器」と板書をして、子どもたちの表情を見た。

萌香「ちゃんと持ってきてるよ、先生。ほら、分度器」

徹「俺だって。だって、学年だよりに書いてあったもん。算数で分度器を使うってさ」

里実「私も。お姉ちゃんから貰った！」

川﨑「今日はね、みんなにじっくりと分度器を見てもらいたいんだ。とにかく、じっくりと、隅から隅まで。それで、今日はみんなの分度器じゃなくて、先生の分度器をみんなで見てもらいたいんだ」

がっかりする子どもたちの声を背中で聞きながら、黒板に大きな分度器を掲示した。カラーコピーを駆使して作った１００㎝×１５０㎝の特大分度器を黒板に貼りつけた。

宏幸「大きいなぁー。僕の10倍はあるかなぁー」

後にビデオで振り返った際に気がついたのだが、いきなり大きさという概念を出してくれた素晴らしい呟きを、私は拾えずにいたのだった。

川﨑「もう一度、今日して貰いたいことを確認するからね。今日は、この大きな分度器をじっくり見て欲しいんだ。そして、この分度器から『分度器の秘密』を探し出して欲しいんだ。

じーっくり観察して、『分度器の秘密』を三つノートに書き出して欲しいんだ」

子どもたちはすぐに黒板に貼られた特大分度器を凝視し始めた。

沙也加「先生、もう少し近くで見たいんだけど、前に行って見てもいい？」

その申し出から、黒板の前にしゃがみ込み、じっと観察する子どもたちが何人か現れた。私も子どもたちと同様に黒板の前にしゃがみ込み、分度器の秘密を子どもたちのように紙に書き出し始めた。すると、私の書いた紙を覗き込みながら、

裕汰「なぁーんだ。そんな風に書けばいいのか。先生、僕ね、こんなこと気がついたよ」

裕次郎「数字が書いてあるでしょ。マークがあるでしょ。線がたくさん書いてあるでしょ。赤い線と青い線の2種類の線があるでしょ。先生、ほら、僕もう四つも発見しちゃったよ」

どの子も声をひそめ、ゆっくりと動きながら、それでいて大変自慢げに、私に自分の発見を伝えてくれるのだった。

川崎「よーく発見してくれたね。すごいぞ。じゃぁ先生もすごい発見しちゃうからね」

こんなやり取りを10分近く続けた。私はふと感じた。「もう限界だな。次の手を打たなきゃいかんなぁ…」

立ち上がって指示を出そうとするちょうどそのときであった。

萌「碧斗、すごいよ！　9個も発見してる。数字が右から書いてあったり、左から書いてあったりするだって。そんなの気がつかなかった」

あれほど出会いをじっくり、あれほど子どもから教わる姿勢を、あれほど子どもを私物化しな

いで、などと肝に銘じて臨んだはずなのに、たいへん情けないことに、子どもより私のほうが先に焦れてしまった。萌の言葉はまさに救いの一言であった。

川﨑「何だって！　それはすごい！　先生もびっくりしたよ。もう一度先生に教えて。いま、写させてもらうから」

航太「えぇ、写してもいいの？」

川﨑「いいさぁ、お友だちのすごいところはどんどん真似していいんだよ。どんどん真似しなくっちゃ」

この言葉で、教室のいくつかの場所から小波が生じた。分度器を介して自然に子どもたちの対話が始まった瞬間であった。そしてその小波は少しずつうねり始め、子どもたちはいつしかどんどん発見する数を増やしていったのだった。

活動を始めて20分が過ぎた。

南斗「先生、もういいんじゃない」

こんな言葉から授業は、「分度器の秘密」を発見する作業から、発見したことを発表し合う活動に移行していった。

考晃「たくさんの線が真ん中から外へ飛び出るように出ている」

美沙「０と０が一本の線でつながっていて、その線がはじっこにない」

身振り手振りを交えた発表の数々が続き、「分度器の秘密」が次々に解明されてきた。そして、私は子どもたちの発言にただ頷きながら、思わずやってくるゾクゾク感（いままでしてきた授業では味わったことのない感覚）を感じていた。

魁「90は直角と同じで、水平の線、０と１８０の線に、ズバーッと真っ直ぐ貫いている」

渚「右側からの数字と左側からの数字を足すと、全部１８０になる。たとえば、ここは赤が30で青が１５０、足すと１８０になって、ここは赤が60で青が１２０だからやっぱり１８０になる」

翔悟「直角が90だから、たくさんある線は、90本あると思う」

五月雨式ではあるが続いて出る子どもたちの声を私は遮断し、最後のまとめをした。

『角の大きさを角度と言い、その大きさを表す単位は度（°）を使う』、

『分度器の一番細かい目盛りは1度と言い、1°と書き表す』、
という二つのことをおさえていた。何の疑問ももたずに。

この私の行為も、あとの研究協議会の席で、佐藤学先生よりご指導をいただいた。

「あれは余分だったね。もっと最後まで全部子どもたちに任せてしまえば良かったんじゃないかな。あの雰囲気であったら、教師が無理に引き出さなくっても子どもたち自身のなかから自然に掴んでいけたと思うよ」

授業前にあれだけ肝に銘じておいたはずなのに、結局、最後はいつもの癖が出て、私は子どもたちのことを私物化し、私と一まとまりの子どもたちとの空間に教室を硬直させてしまっていた。

授業の終わりに、私は子どもたちに対して、今日の授業でわかったことやはじめて知ったこと、まだよくわからないことやもっと知りたいことをノートに書き出して持って来てもらった。驚い

たことに30人全員のノートに「直角は90度であることがわかった」と書いてくれてあった。私が感じたゾクゾク感は、私だけでなく教室にいた子どもたち一人ひとりも感じてくれていたんだとわかった。授業を終えたとき、私は鳥肌が立っていたのを覚えている。

授業終了後、すれ違いざまに、「川﨑さん、今日の良かったよ」と、大瀬校長先生より珍しくお褒めの言葉を頂戴した。

授業づくりに三つの目標を立てたことで、子どもたちを感じ、新たな課題も見えた。研究協議会での同僚のコメントや佐藤学先生からのご指導からも、私の挑戦は間違った方向ではなかったように感じた。そのことを私に気づかせてくれた同僚に心から感謝いたします。みなさんどうもありがとう。

(2) 先生が楽しめたら 授業が変わった

平成13年度 5年生 社会科実践『学びの出発点』より
―携帯電話を追いかけて―

上園良成

(1) 学びとは ―迷い―

10月4日3校時、「どうしたらいいんだろう…」「先生、私にもわかりません…」ほとんど泣き顔であった。そして、「…お疲れさまです。大変だったですね…」授業が終わって、気の毒そうに私を労われる緒方先生の顔が、いまでも忘れられない。栗原研修主任（当時）から紹介された横浜国立大学現職派遣の研究委員である緒方先生と5年3組の出会いは、このような授業と、どうしていいかわからず顔を引きつらせ黒板の前に立ち尽くす教師の「図」で始まった。「携帯電話」を単元として開発する授業を始めて4時間めのことであった。

現在の私であれば「教師の本当の力の一つは、授業のなかで迷っている姿を子どもたちに正直に見せられることである」と信じて疑わないのであるが、このときの私は授業中に迷いや戸惑う姿を見られるのが怖かった。知らないということを知られたくない、周囲には何でも知っているように見せたかった結果が、これであった。子ども一人ひとりが、わからないこととして授業のなかで出し合った「リサーチしたい17項目」は、「わからないこと・疑問に思うこと」であり、それはけっして「自分自身が知りたいこと・自分自身が調べたいこと」ではなかったのである。

実は、この授業にいたる兆候は、第一回めの授業のあとの学校生活のなかに、もうすでにあった。疑問として出したはずの事柄に対し、教室のどこにも具体的な動きが見えてこなかった。それればかりか、私からの指導や指示を確実に待っているという姿勢を示してきたのである。そして、私といえば、共に学習していこうと言いながら、教材研究を深めていく手立てもはっきりしないままに「子どもに携帯電話を教える授業をやらなくては」という思いのみで、私自身が実際に一番力んでいた。

とにかく、この単元を展開していくにおいて、早急に確かな学習成果が欲しかった。もっと正直にいえば、11月22日の研究発表会でいい授業を見せたいという思いが、実は先が本当に見通せないでいる自分をして、私を焦らせ始めていたのである。

⑵学びとは　―誠実な努力―

私の苦悩の本当のところは、思いどおりにいかない「下手な授業」を最後まで他人に見られたという、つまらないプライドを捨てきれないでいることにあった。校長の言う「授業は下手でもいい」ということの本当のところがわかろうはずもなかった。

子ども一人ひとりを真正面から見ようとはせず、とんでもないところを見ていた自分に気づいたのは、あの授業の翌日から始まったキャンプのときであった。顔に鍋のすすを付けながら、自分のグループの食器を一生懸命に洗っている石田さんの姿を見ていて、私は、この子をどうしようとしていたのだろうか、どうしたかったのだろうかと、強く自問自答したのである。

どんなときでも、誠実にこの人と真正面から対峙し、精一杯信じるところをぶつけていけばいいのではないのか。学習とは、教師自身にわくわく感がないのに、相手が楽しかろうはずがない。私が子ども一人ひとりを見ていないのに、彼らが私を見つめてくれるはずがないではないか。

私は、ここまでの携帯電話の授業がたかだか4時間そこそこであったにもかかわらず、自分のこの授業の教材研究への努力のことは棚に上げて、子どもをして整った授業の形とそれに伴う結果ばかりをもとめていた。「共に学び共に育ちあう心」と「教師も子どもも共にわからないところから出発する」ことの大切さを、私は忘れていた。

⑶学びとは　―わからないということがわかる喜び―

10月12日木曜日、「大失敗」から8日ぶりの携帯電話の授業であった。ちなみに、この日は私の47歳の誕生日でもあったのであるが、私は授業を始める前に、子ども一人ひとりににこやかに宣言した。「知ったかぶりは、止めよう。先生は、止めます。1時間の授業のなかで、最低一つわかればいいよ」これは、自分自身に言い聞かせる言葉だった。

そして、前回と同じ漫画の本から抜粋したものを資料として提示した。「両津の漫画は、わかりやすい」大阪が笑った。携帯電話の学習をスタートしてから、こういうことははじめてのことだった。私は、クラスのなかに何かほっとしたものが生まれたように思った。そのうち、山田、石田、市瀬の3人は、自分たちで収集していた莫大な量の携帯電話に関するパンフレットを各グループに何気なく、かつ当たり前のように配り始めた。小さな「ありがとう」が教室に咲き、何事もなかったかのように彼らはそれに見入っていた。

1週間前とは、似ても似つかぬ授業風景であった。

キャンプの前と後では、クラスの一人ひとりの携帯電話への思いの何かが違ってきていた。キャンプ後に言った「知ったかぶりは止める。1時間に一つわかればいいんだ」の一言は、子どもの心のなかの何かにか触れたように感じられた。携帯電話の学習に対する私の姿勢の変容は、朝倉にとってもうれしかったに違いない。

からんでいる糸を解きほぐしていくような授業であったが、クラスのなかに流れる静かな意気込みは、時間の経過とともに強くなっていった。考えや思いのなかに新たな疑問を見つけることで読みを深めていくように、社会科のこの携帯電話の学習においても「量」ではない「質」のレベルで、この授業の継続は図られていった。

携帯電話への「アンテナ」は、無理のない自然な形で子ども一人ひとりのなかで広がっていった。青木は、プリペードカード携帯電話を使った殺人事件から、この携帯電話の仕組みを知るとともに、パンフレットやTVコマーシャル等からは計り知れない社会生活のなかでの携帯電話の怖い部分も知ることになる。携帯電話の存在そのものが悪いわけではない。

子どもたちのその多くは、携帯電話を大切に学習している自分たちと、それを単なる道具としてしか扱わない大人社会のギャップに、戸惑うという体験をすることになったのである。

しかし、この学習がとても身近なものとして存在することは確かである。五十嵐は、プリペードカード携帯電話を学校に持ってきたり、DDIポケットのPHSのアンテナの位置がほぼ直線的に並んでいることや、電波を傷害するものがあるところではその間隔が狭いことに気づいたりしていた。

とにかく、10月中旬から2週間、文字どおり一つだけがわかって終わった授業が数多くあった。しかし、この間の6～7時間にわたってやった「携帯電話の勉強会」の授業は、携帯電話の事柄について子ども一人ひとりが、「携帯電話」を確実に自分のものにしていこうという気持ちをはっきりさせたといっていい。そして、知らないこと、わからないことがまだまだ数多くあるというにもかかわらず、なにやら余裕のような自信のようなものが湧き上がってきているようであったのである。

「いまごろ言うのもおかしいのかもしれませんが、ＰＨＳって、どんなものでしたっけ？」青山のこの発信は、内容とはまったく逆に、自信に満ち溢れていた。クラスの仲間の多くは、実に楽しそうに彼女の発信を受け止めているようであった。

ここあたりから、わからないことをわからないこととして、それが知りたいこと調べたいことへと、無理なく移行していったのであった。ちなみに、このクラスのすごさは、ここにある。

⑷学びとは　—ときめき—

「学ぶ」ことは、わからないことがわかることではない。「学び」で一番おいしいのは、『わからないことが、わかる予感がするその瞬間の「とき」』にある。この『とき』こそが、学びの出発点であると私は思っている。

単純な言い方だが、ある課題を追求するとき、そのことを「いやなこと・苦しいこと」ととらえた子どもが一人でもいた場合、教師はその切り口をいま一度考察したほうがいい。「学び」は、そこまで厳密にしても余りあるものを私たちに残してくれると私は信ずる。

とりもなおさず、これは、「子どもは子どもであり、教師が『子どもたち』と言った瞬間、個々の一人ひとりの子どもは、存在しなくなる。教室のなかで、子どもたちというのは、ありえない」と言う佐藤学先生の子ども愛・教育愛に通ずると信じている。これほど子ども一人ひとりを心の底から愛している教育研究者も、いない。

現場の教師である我々がまず一番明確にしておかねばならないことは、教師がどの子どもに視点を置いて「この授業」を構築しようとしているのかということなのである。学級とは、「私とあなたのつながりの広がり」を縦軸とみなせば、「そのどきどきの自分自身の発見」は横軸となる。つまり、教師は、一人ひとりの子どものこの部分を把握しつつ、ここからの学びを保障しなければならない存在なのである。

「何かされたんですか？」10月も今日で終わりという日、緒方先生は授業終了後、私に話しかけてこられた。約1か月ぶりの5年3組の訪問は、明らかにこの先生の期待を裏切ったのである。「いまのあなたたちにとっては、役に立たない携帯電話の勉強を、どうしてやっているの？」の質問に、「調べることが、楽しい。わからなかった一つのことがわかると、私は本当にうれしい。そうすると、ほかのこともっと調べて知りたくなるんです」という意外とも思われる答えが、浅井の笑顔とともに返ってきたというのである。

私は、携帯電話を通して子どもたちの学習への意欲と関心が特別なものではない、日常的な自然なものとしてとらえられ始めていることを知った。子どもは、変わり始めた。

石田、山田、市瀬の3人が「R＆Dセンター」を電話帳で発見し、その見学を、夜、私の家に電話で談判してきたのはちょうどこのころであった。内容的なことは、抜かりなく、十分に調査済みであった。「とにかく、行ってみたい」

結論を出す前に、ひそかに私はその場所に車を飛ばした。ＩＴ産業関連会社の近未来的なビルが山の中腹を切り取り平地とした場所（横須賀市光の丘３—５）に建ち並んでおり、この時点でまだ建設中であった。

しかし、この子たちは、なんてすごいのであろうか。校長は校長で、諸々のあらゆることを即決に近い形で許可してくれた。11月8日学校に帰ってきたのは午後4時過ぎ。校長は、当たり前のように私たちを出迎えてくれた。「どうでした?!」

質問に対して明確に答えることのみが、学んだ証ではない。言葉にできない学びもある。少し薄暗くなってきたモール下のこの場所には、何とも言えない「ときめき」があった。

⑸学びとは　―発展―

「クラスのみんなが、学びを楽しんでいる」と緒方先生は言う。林も星野もこのいまの学習を楽しみ、学びの集いに意味をもとうとしている。子どもが、大人の子どもへの心からの驚きと感動のなかで成長するとすれば、まさに毎日がこの連続であったと言っても言い過ぎではなかった。

岸は、自分の家の携帯電話を解体してしまった。中身を実物投影機で見たのであるが、それは驚きの一言であった。私は、美しくさえ思ったものである。そして、そのなかの「ＬＳＩには、新聞２５６枚分の情報が入る」ということを知る。さっそく、実際に新聞２５６枚を再現してみようということとなったのである。結果、「ふれあいホール」いっぱいであった。指先に乗るような小さなチップである。

しかし、ＶＬＳＩは２５６枚の２のｎ乗で情報の容量が増えていくということをクラス全体の知識として共有したとき、本当に声が出なかった。実に真面目な信じられないほどの感動というより、ＩＴ技術に対する空恐ろしいといった沈黙であったに違いない。ちなみに、携帯電話にはＬＳＩが普通７〜８個使われている。携帯テレビ電話が普及している現在では、ＶＬＳＩの世界そのものなのである。

逓信総合博物館には、現在に至る驚くべき電話電信の歴史が、あった。咸臨丸に乗って何十日もかけアメリカへ行った時代に、グラハム・ベルが電話を発明したその翌年に、もう日本はその電話を輸入し自分たちの生活に役立てようとした。まさにこの歴史を考えると、もうこれは奇跡としか言いようがない。つまり、電話の概念すらまったくなかった時代に生きてきた者が、いったいどのような考えの変容があれば西洋のＩＴ（情報技術）を獲得しようなどと決心したかということである。「学び」の出発点は、歴史的にいえば、明治である。

しかし、５年３組の子ども一人ひとりの携帯電話の学習のなかでの動きを見れば、さほど驚くことでもないと言ったら言い過ぎか。人は、わからないものを面白がる感覚を、面白がらなくともそのものを純粋な不思議として受け止める力がある限り、もち続ける感覚がある限り、発展・成長するのではないのだろうか。

私がときめいた40年前の鉄腕アトムの世界は、もうそのほとんどが現実のものとして存在するという時代となった。

11月22日、第４回研究発表会が実施された。９月に抱いた「欲」は、まったくなかった。いまにして思えば、教師として私が本当に変わったのは、このときである。授業公開にしろ、プレゼンテーションにしろ、絶対なる自信をもって取り組める自分がうれしい。嘘だと思われるかもしれないが、本当にそうなのである。では、絶対とは何か。これは、実感とはいいがたいが、生きていることそのものの喜びに近い感覚である。

子どもたちの変容は、どうだったのであろうか。

・金澤は、自分は進歩しなかったと言った。しかし、そういう自分に気づき始めた金澤は自らの変化をわかっていた。
・リサーチのなかで、字を書くこと、記録することの楽しさを語ったのは種村である。
・林は、学習に対する姿勢が一番変わった児童であった。真剣な眼差しは、学びを追求する者だけがもつ本物の眼差しであった。
・千葉は、人に教え学び合うことの楽しさに気づく。
・星野は、ぜんぜん先が見えないことを不安に思っていた。しかし、進歩したと自らをして言う。なぜならば、見えなくても勉強できるんだということがわかったからである。
・青山は、自分が知らないことがいっぱいあるということに気づき、もっと調べて知りたいという欲求にかられている。
・資料の読み込みに熱中して、1時間も集中したというのは浅井である。
・人一倍調べ学習をしていた山田は、自分のことを「本当は何も知らない」存在であると言い切る。しかし、「それでも、いい」と自分を見つめる。彼女は、「大切なことは、生きていくうえで、知っていることを増やすだけではない」ということに気づいた。

・お店で働く人に勇気をもって話しかけ、なにかしら社会の一員としての自分を感じたという山形は、この携帯電話の授業をすごい楽しい授業だと評価した。
・1か月単位でパワーアップした国府は、「携帯電話は私にとってただの機械ではない」と言い切る。
・小合は、知識が増えていく喜びを正直に言う。そして、知っていく自分がすごく楽しいと表現した。
・10月のころの自分といま（2月）とを比べ、すごく変わったと自覚するまでに至った佐渡は授業の大切さをぽつぽつと語った。
携帯電話の学習に対する子どもの意識は、結果をもとめるのではなく、子ども一人ひとりが学ぶことの喜び＝間違いなく「学びの喜び」そのものであった。クラスの子ども一人ひとりが、本当に変容していた。これが驚きでなくて、なんであろうか。

⑹学びの出発点

調べるということには、無駄があっていいのである。結果を出すことのみが、学びではない。『子ども同士が、子どもと教師が、わからなさを支え合い、そして、わかったことの喜びを共有する「共感的評価」を目指して』という大瀬校長のこの言葉こそが、学びの出発点なのである。

(3) 言葉をつなげたら　心がつながった

平成13年度　2年生　国語科実践『アレクサンダとぜんまいねずみ』より

（平成10年度新採用）山﨑悟史

(1) 物語と出会い

『アレクサンダとぜんまいねずみ』という作品に出会い、読んでいくうちに、どんどん物語に引き込まれていく自分を感じた。たった一度読んだだけだったが、私の大好きな作品になってしまった。「私の大好きな作品を子どもたちと共に読み味わってみたい」それが本授業のスタートだった。

教科書には載っていないし、読書の時間に読み聞かせをしたこともなかったので、子どもたちはどんな話なのか誰一人知らなかった。それなら、それを逆手にとってみようと思った。最初に全文を通読せず、あえてあらすじを知らせずに読みを進めていくことにした。本時で読み深めていく場面だけを紹介し、話の続きは次回以降へと先送りにした。このことは、本授業で挑戦した一つであった。

「毎時間、友貴や秋子たちの心が引きつけられるだろうか」「卓たちの読みが深まらずに、表面的な浅いものになってしまわないだろうか」など、この挑戦にはさまざまな不安を抱えていた。授業を開始する直前までそれらの不安が消えることはなかったが、「この授業ではかたいことは抜きにして遊んでやるぞ！」「久美や優のドキドキする顔をみてみたい！」という私の心の声が後押しして、このような授業の流れを最後まで貫くことに決めた。こうして、40人の子どもたちと私との『アレクサンダとぜんまいねずみ』が始まった。

(2)本時の授業（12月6日の研究授業）

①「志織が言ってくれた通りだったね」

「はじめようか」私の一言で授業が始まった。いつものように子どもたちは私の読み聞かせを聞くために前へ出てきた。前の場面から読み始め、いよいよ本時にやる⑦の場面へと入ろうとしたとき、子どもたちの表情が変わった。笑顔であふれている幸代。真剣な顔つきをしている航平。表情はさまざまだったが「いよいよきたな」という心のなかの言葉が私に伝わってきた。何よりそれまで以上に夢中になり、物語に入りこんでいる卓たちの姿がそこにはあった。

⑦の場面に入ると、「どうなっていくのだろう?」とみんなが息をのんで聞いていた。そして、読みが進んでいくにつれ、つぶやき声も聞こえてきた。このときすでに自分の思いを語っている子が何人もいたし、一人ひとり感じ方は違うが、何らかの思いをもってくれていたようだった。『むらさきの小石はきえていた。』そこまで読み終わると、私は「おしまい」と言って本を閉じた。一斉に「えっー」と、ものすごい声が返ってきた。そして、真帆が「いいとこだったのに」と落胆した声を上げ、淳也は「もう少し読んでよ」とせがんだ。でも、その足は自分の席へと向かっ

ていた。みんなで読み合う準備をするために…。このころの子どもたちは、本読みを途中で終わりにしてしまう私の期待はずしを楽しんでさえいるようだった。

淳也たちが席に着いたのを見届けてから、⑦の場面が書かれたプリントを配った。プリントをもらった子から黙読・音読をし始め、私が読み聞かせしたところを今度は自分で物語にふれていた。そのとき、祐二が「志織が言ってくれた通りになったね」と声をあげた。実は、前日に⑥の場面を読み合ったとき、志織「アレクサンダはウィリーのことを助けると思う」とみんなに伝えていた。「そうかもしれないね」と、この思いに同調する子が何人もいて、志織が先の展開を言い当ててしまっていることに驚きながらも、努めて平静を装い「本当はどうなるのか楽しみにしていようね」と伝えたのだった。毎時間、この先どうなっていくのかわくわく・ドキドキしながら読み進めることができたし、なかには志織のようにそれまでの話を大事にしながら、先の展開を予想する子も数多く出ていた。祐二が志織の思いを大事にしてくれていたことがうれしかった。

②「つながる…」

『とかげよ、とかげ。ウィリーをぼくみたいなねずみにかえてくれる？』

「アレクサンダは、ウィリーをアレクサンダみたいなねずみにかえて同じねずみの友だちになりたかったの」。和子が話してくれた。「アレクサンダは、ウィリーが友だちだから、一番の友だちだからいったんだと思う」。続けて美沙が話してくれた。「友だちだから、一番の友だちだから…」

というところで美沙の強い思いがよく伝わってきたし、まるで自分も物語の世界のなかにいるかのように気持ちを込めて話してくれた。

「もう、書いてあるよ」と数人の子が伝えてくれた。美沙と同じような思いを自分ももっていて、それをプリントに書き込んでいることをみんなに教えてくれたのだ。私は、「和子からの『友だち』、美沙からの『友だち』、いいことばだね」と、みんなへ向けて話した。和子と美沙は同じように感じるが、実はかなり違いがある。それを子どもたちに感じてほしかったために、かけた一言だった。

「和子につながるんだけど、アレクサンダがぜんまいねずみになるよりも、ウィリーがアレクサンダみたいにふつうのねずみになったほうがいいと思う」。雅人が話してくれた。

「雅人とつながるんだけど、ウィリーがごみばこにいっちゃったらもう会えないからウィリーをたすけたいと思った」、「あのさ、あのね、康太とにているんだけど、アレクサンダはウィリーをねずみにしてたすけようとした。うごけるように」。康太、明雄が続けて話してくれた。

和子の話から始まり、美沙、そして雅人、康太、明雄へと流れていった。一人ひとり自分の思いを語っているが、それぞれの思いがつながり・重なり合い、クラス全体へと広がっていった。

③美香の思いを聞いて

『おまえは、だれに、それとも、何になりたいの?』

「まほうのとかげは『(アレクサンダ)自分は何になりたいのか?』と聞いているのにほかの人の

ことを言うってことは、それだけアレクサンダはやさしいと思った」。美香は、書き込んだプリントを見ながら、真剣な眼差しで私を見つめ話してくれた。私は、美香の話を夢中になって聞いたが、理解することができなかった。声が小さくて聞こえなかったわけではない。文章としてまとまっていなかったわけではない。むしろ、理路整然と話してくれていたのだ。「どうして美香の思いを受け取れなかったのだろう？」と思いながら、「美香、もう1回聞かせてくれる」とお願いした。美香は、同じ話をもう一度してくれた。私はそれでやっと受け取ることができた。ただ、子どもたちの多くは、どういうことなのかまだわからなかったようなので、こう言葉をつなげた。「ああ、わかった。わかった。いま、美香がお話ししたこと伝わった？　さとし先生も2回めでやっと受け取った」「こういうこと。『おまえは、だれに、それとも、何になりたいの？』自分の読み方で読んで…」（各自音読した）「とかげは、まほうのとかげはアレクサンダに聞いているんだよね。アレクサンダは自分のことだけを考えればいいんだよね。それなのに…」この後、慎吾、祥太が私の言葉をつないで「でも、そのままだとウィリーはごみばこゆきになってしまうから、ウィリーのことだけを考えて、ウィリーをねずみにすることしか考えない」と言ってくれた。「美香は、そういう話をしてくれたんだよ。2回め聞いてよかったよ。1回めだけだったら、ちょっと先生もわからなかった。ありがとう」

正直、私は美香が伝えてくれたような思いをもち合わせていなかった。だから、すぐに思いを受け取ることができなかったのだ。こんな出来事は物語の授業をやっているとよくある。思ってもいなかった見方をしてくれたり、私の読みを越えているときなどである。こういうときは、素直に子どもの読みに感動してしまう反面、自身がもっと読みを深めていかなくてはならないと強く感じる。そして、どの子のどんな発言に対しても表面的に聞くのではなく、子どもの存在そのものを受け取らなくてはいけないのだと思う。

⑶子どもたちとともに読み味わってみて

『アレクサンダとぜんまいねずみ』この作品のもつ素晴らしさを十分に読み味わうことができた。一見、子どもたちは自分の思いを語っているだけのようだが、けっして言いっぱなし・出しっぱなしではない。しっかりつながりをもっていた。自分の思いと友だちの思い、自分の思いと物語のなかの言葉・文、それまでの思いといまの思い…。私は「つながる」という言葉をとても大事にしている。読み合っていくなかで、つながりがあればあるほどその作品の読みが深まりのあるものになると思っているからだ。

美香も慎吾も祥太も、つながりを大事にして読み味わってくれた。そして、一人ひとり心に残ったところ、思い、表現などは違うが「アレクサンダとウィリーの心のつながり」はみんなが感じてくれたと思っている。また、この作品を通して子ども同士の心のつながりをたくさん見ることができた。

中に、一ぴきのねずみがいた。

「きみ、だれ?」アレクサンダは、こわごわ言った。

「ぼく、ウィリーだよ。」ねずみは言った。
「ウィリー！」アレクサンダはさけんだ。

最後の⑧の場面、ここを読み聞かせしたとき、子どもたちは「やったー！」と歓声をあげた。みんなの心が一つになった瞬間だった。

(4) 授業にのめり込んだら　教師が救われた

（平成14年度新採用）松永昭治

平成14年度　3年生　理科実践
『カマキリの暮らし～カマキリ博士への道』より

(1) カマキリとの出会い

平成14年4月5日、私はこの浜之郷小学校に初任者として着任し、3年1組の担任になった。自分への過度な期待で正直不安がいっぱいだった。

始業式から4日後の4月9日、子どもたちと学校そばの小出川に散策に出かけた。そこで、子どもたちは偶然カマキリの卵を発見し、「飼おうよ！」ということになり卵を持ち帰った。そして、翌日の朝、職員室に赤木君が飛び込んできた。

「先生、カマキリの卵がかえって大変なことになってるよ！」

一緒に慌てて教室に行ってみると、壁中カマキリだらけで大騒ぎになり、私も正直たじろいだ。

そして、私と子どもたちとで一匹ずつ虫かごに入れ、何とか騒ぎは収まった。このとき私は、「このカマキリたちを教材にしたい」と密かに考えていた。

しかし、教材として扱うには、いくつかの不安とハードルがあった。一つは、カマキリは肉食性昆虫で、飼育が困難であるということ。二つめは、私がカマキリのことは全くの無知であるということ。三つめは、教材の系統性をつくれていないこと。そして、カマキリは残酷かつ獰猛なイメージがあるので、子どもたちがどこまで興味を示してくれるか、という不安だった。

それでも、「この偶然の出会いを大切にしたい」という思いが強く、単元「カマキリの暮らし」をスタートさせた。そして、子どもたちと話し合い、①カマキリを大人にする、②卵を産ませる、③長生きさせるという三つの目標を立てた。しかしこの時点では、前述の不安を解決しておらず、実は何の見通しも立っていなかった。勢いだけでスタートしたことが、後に私を苦しめることとなった。

さて、4月の取り組みとして、まず理科で一令幼虫の観察から始めた。子どもたちのスケッチはつたないものであったが、はじめて見るチビカマキリたちをよく観察していた。しかし私は、授業に引き込まれるようなおもしろさを感じなかった。その後、授業テーマを何度考えても、成長に伴う観察のこと以外に思いつかなかった。結局このまま、授業テーマをつくることができず、理科でのカマキリ授業は7月まで停滞することとなった。

一方でカマキリたちは、子どもたちの目の前で脱皮をくり返し、成長していった。天井の網にぶら下がり、するすると皮を脱いでいく姿は、まさに、「神秘的」。子どもたちは、この様子を何度も目にして、私によく報告してくれた。しかし、飼育はやはり困難をきわめた。えさは本来、アブラムシやショウジョウバエであるが、なかなか捕獲が追いつかず、実は共食いをくり返し成長していった。子どもたちは、そんな様子も目にしていた。

⑵迷い

6月に国語科の授業研究で、「カマキリ新聞を書こう」という授業を行い、多くの先輩方に見ていただいた。授業はいろいろな意味で失敗に終わり、カマキリを授業にしなければという義務感と焦燥感とで、私は空回りしていた。そんな私とは対照的に、子どもたちは夢中になって新聞を書き上げた。どの子の新聞も実におもしろく、子どもたちの好奇心や思いがたっぷり詰まっていて、観察眼にも厚みが増しているのがわかった。私は、子どもたちに申し訳ないという気持ちでいっぱいで、子どもたちとの距離を感じていた。正直、教員になったことを後悔した。

そんな気持ちで子どもたちの新聞を眺めていると、高山さんの新聞記事がふと目にとまった。そこには、「なぜカマキリは、虫かごの上を自由に歩けるのでしょうか?」という疑問が書いてあった。正直私は、この疑問に答えることができなかった。しかし、私にはなかったこの感覚にふれたとき、カマキリ授業の原点がここにあるのではないかと感じた。

そこで、さっそく7月の理科授業研究で、この疑問をテーマにして授業を行った。授業で子どもたちは、脚の構造を実に細かに分析し、私には見えないものが、彼らの目にははっきりと見えていた。しかし、またしても授業は失敗に終わり、授業後多くのご指摘をいただいた。私にとってショックだったのは、高山さんがノートに何も書けず、まったく発表できなかったということであった。これは授業がめちゃくちゃで、彼女に疑問を返すことができず、子どもたち同士もつないでいない証拠であった。また、カマキリが目の前にいながらも、カマキリを感覚でとらえさせるような配慮をまったくできていなかった。つまり、私は授業が何であるかを全く理解していなかった。こうして夏休みを迎えたが、考えることといえば「自分にはもうできないのかも」ということばかりだった。

そんな後ろ向きな私を奮い立たせてくれたのは、夏休みにカマキリのお世話をお願いしていた村木君からの暑中見舞いだった。彼はカマキリのことは誰よりも一生懸命であった。そんな彼の手紙を手にしたとき、村木君の気持ちが良く伝わってきただけでなく、子どもたちにはもう二度とないチャンスかもしれないと思った。また、先の授業研での高山さんのことが心に引っかかっていて、このまま子どもたちを裏切りたくないという思いもあった。結局、辿り着いた考えは、「カマキリをやり通す」、そして高山さんが抱いたような疑問を大切に、「なぜ」を追究していこうと心に決めた。

そして、感情的にならずに、先輩方にいただいたアドバイスを冷静に整理するところから再出発した。めざしたいのは、カマキリが3年1組の共通の話題になること。それには、「なぜ?」といった疑問を私なりに研究し、子どもたちなりに追究する関係のなかで、カマキリを共有すること。つまり、カマキリの研究仲間になれるように、授業テーマを考え、対話をしていこうと考えた。そして授業では、高山さんにできなかった、しっかりと「その子に」思いを届けること、そして感覚を大切にすること。まずは、この二つを大切にしていくことを心がけていった。

(3)再出発

二学期になって手始めに、松永先生の疑問「カマキリは6本の脚をどう動かして歩くでしょうか?」というテーマで授業をしてみた。子どもたちはカマキリを歩かせて、じっくりと脚の運びを観察していた。カマキリは歩くスピードが速くて、子どもたちもかなり苦労していたが、川口さんが見事に解明した。そして、この解明した歩き方を、3人1組になって脚を動かしてカマキリ歩きを体感した。子どもたちは夢中になり、見ている私もおかしくて笑い転げていた。

私の疑問を皮切りに、子どもたちにも疑問を聞いてみると、いろいろな疑問が上がってきた。そのなかでテーマになりそうなものを私なりにピックアップし、そこに私の疑問もつけ加えて授業を進めていった。ここで大切にしたことは、たくさんの疑問を個々の調べ活動にするのではなく、一つの疑問を全員で共有し、友だちの気づきも共有すること。そして、その疑問を解明してカマキリ博士を目指そうということで、「カマキリ博士への道」という副題をつけ、心新たに子どもたちと授業に取り組んでいった。

一方、カマキリたちは8月下旬から9月にかけて、羽を持った成虫へと羽化した。なかには、羽化に失敗し、羽がぐしゃぐしゃになるカマキリもいた。また、夏休みに持ち帰って飼育をお願いした子のなかで、赤木君と三橋君のカマキリが死んでしまうというアクシデントに見舞われ、二人はひどくショックを受けていた。結局、生き残ったのは5匹となり、飼育の大変さを改めて実感した。

⑷愛着

さて、二学期になって子どもたちの様子は、驚くほど変化していった。4月から育ててきたカマキリは5匹に減ってしまったが、子どもたちは仲間を連れてきた。その数は多いときで20匹を超えた。そして、すべてのカマキリに名前をつけ、命名したことで、子どもたちは個性をもったカマキリとして遊んでいたようである。休み時間の遊びといえばカマキリか、ドッジボールかという状況であった。そして、金井さんが、カマキリを手の上に乗せて、満面の笑みで「ねぇ先生、かわいいでしょ！」と話しかけてきた姿が忘れられない。それまで彼女は、カマキリを全く触れなかったのである。

一番驚いたのが、学校祭である郷小まつりでのことであった。子どもたちはクラスの出し物で、「カマキリランドをやろう！」と提案し、自分たちで見事にカマキリランドを作った。クイズコーナーがあったり、ふれあいコーナーでは着ぐるみを着た子が訪問者に説明をするなど、ちょっとした昆虫館といった感じになった。自分たちでどんどん準備を進め、当日もはつらつと動き回る様子に、保護者の方々は子どもたちの成長を感じ、驚いていた。

このように二学期を過ごし、八つの授業テーマを実践した。感覚で考えてもらおうと授業内容を工夫したが、私の頭は固く、子どもたちとの距離はなかなか縮まらなかった。子どもたちによく言われたのは、「松永先生の理科は難しいよね」という言葉だった。授業展開も未熟で、子どもたちがそう思うのも無理はなかった。それでも、子どもたちが授業に向かったのは、カマキリと遊ぶ日常が支えになり、手に乗せ遊んでいる「手の中」の感覚があったからだ。子どもたちは、私の何歩も先を歩んでいた。

(5)最後の挑戦

カマキリたちは、10月に交尾、11月頃に産卵し、12月にはすべて寿命を迎えた。この時点で、カマキリ授業をスタートしたときの目標を何とか達成することができた。しかし、私のなかにやり遂げたという満足感や達成感は、あまり湧いてこなかった。むしろ、私は「カマキリ授業をこのまま終えていいのだろうか?」と思うようになっていった。なぜなら、私は残された卵のことが気になっていたからだ。卵のなかには、命がけで産んだ新しい生命がたっぷり詰まっていて、また訪れる春をじーっと待っている。だから、春に孵化するまで、なんとか子どもたちの思いをつなげたいと思った。

そして、もう一つのこだわりがあった。ここまでやってきたことだからこそ、なんとかカマキリたちの死をいかしたい。つまり、生きているときだけではなく、死んでも学べることに挑戦してこそ、カマキリ授業は本当の意味で完結するのではないかと考えた。そこで私は、すべての死体を標本として保存し、標本だからこそできることはないかという視点で、1月から新たにテーマを探し始めた。

すると、9月頃から温めていた三橋君の「カマキリはどうやって飛ぶのでしょうか?」という疑問に辿り着いた。飛ぶメカニズムを探るわけだから、動きに注目するのが常識かもしれない。そこで、私はカマキリが標本であることをいかすために、「翅の形から探る」という視点をつけ加えることとした。しかし、このテーマの最大のハードルは、生きたカマキリがいなく、子どもたちが標本をいやがり、授業にならないかもしれないということであった。しかも、標本は色が変わり、においも非常にきつかった。それでもチャレンジを決意したのは、このテーマのために多摩動物公園昆虫館に足を運んで考えを深め、私自身、翅の秘密で新しい発見をしたからであった。

授業で子どもたちは、カマキリたちと久しぶりに再会し、変わり果てたカマキリたちをまずは感覚でとらえていった。「くさーい」「かたーい」「色が変」「スカスカ」「ボロボロ」などの反応があちこちから上がってきた。このまま子どもたちは「テーマに迫ることなく、授業が終わってしまうのか?」と一気に不安が募ってきた。しかし、やがて標本を真剣に解剖し、翅の構造を丹念に探る行動へと移っていった。翅を触った感触、軽さを手で考え、前翅と後翅の形の違いから、それぞれの翅の役割を探っていった。そして、女の子も動じることなく、丹念に翅の構造を調べていった。その表情は、まさに研究者そのものであった。

このテーマを通して、私は子どもたちの新たな良さを発見することができた。子どもたちの粘りは、話し合いの高まりとして現れ、「死んでも学べること」をお互い実感できた。子どもたちにもこだわりが出てきて、授業では安定感として現れ、私とは研究仲間という感じになった。このテーマで一番印象的だったのは、2月24日での授業研究で、大間木さんが思わず手を挙げてしまったことである。彼女は、二学期からまったく手を挙げることなく過ごし、私は気にしていた。

私はこの授業で「大間木さんに手を挙げさせてみせる」と心に誓っていた。授業で自分の気持ちを伝えた彼女の表情が、とても素敵だった。

⑹カマキリプロジェクト

カマキリ授業はすべて終わり、3月初旬になって新たにカマキリプロジェクトが発足した。これは、カマキリ感謝会の企画プロジェクトである。カマキリ感謝会とは、カマキリのことをいっしょにやってきた友だち、支えてくれたお家の方々、そしてカマキリたちへの感謝の会である。これはただのお楽しみ会ではなかった。1年間、カマキリをやり通してきたことの証として、子どもたちは標本箱、アルバム、図鑑を作り、学校に残そうという計画を立て、準備を進めた。

終了式前日の3月24日、カマキリ感謝会を開いた。会にはほとんどの保護者の方に来ていただいた。子どもたちの努力で、見事な会となった。そして、立派な標本箱、アルバム、図鑑を子どもたちは披露した。川口さんのお母さんは、「今日の感謝会は、満足度120%！」と、うれしそうに語ってくださった。カマキリ感謝会は、私たちの宝物となった。こうしてカマキリ感謝会を終えてみてやっと、カマキリが3年1組の話題になったかなと実感できた。しかし、1年間終えて単元に系統性ができたかというと、正直自信はない。がむしゃらに疑問を子どもたちと探り、気づいてみたら、1年間やり通したという事実が残っただけなのかもしれない。

新しい春、子どもたちはクラス替えせずに進級したが、私は彼らとは離れお互い新しいスタートを切った。子どもたちは残された卵のことをいつも気にしていた。そして5月、その卵も孵化し、新しい生命が誕生したところを子どもたちは見届けた。

⑹最後に

カマキリが、私と子どもたちをつないでくれた。そして、子どもたちが、私に教師として大切なことを気づかせてくれた。私を勇気づけてくれた「あの子」たちを心から敬服している。いまは、教師になったことを後悔していない。１年間を支えていただいたすべての出会いに感謝している。

〈授業テーマ実践一覧〉

4月　・一令幼虫の観察
5月　・カマキリのことを知ろう～『ファーブル昆虫記』
6月　・カマキリ新聞を書こう（初任者授業研究・国語）
7月　・なぜカマキリは、虫かごの上を自由に歩けるのでしょうか？（高山さんの疑問）（初任者授業研究・理科）
9月　・カマキリは6本の脚をどうやって動かして歩くのでしょうか？
　　　・カマキリの祖先はなに？（岩田さんの疑問）
　　　・交尾をさせるには？
　　　・交尾のあと、なぜオスがメスを食べるのか？（川口さんの疑問）
10月　・卵しょうの秘密を探る（初任者授業研究・理科）

11月　・郷小祭り～カマキリランド（学習発表）
　　　・メスの細い体から、どうやって大きな卵が産まれるの？（川口さんの疑問）
　　　・卵しょうを作ろう（学習参加）
12月　・人間の命とカマキリの命は同じですか？（初任者授業研究・道徳）
1月　・小出川の卵しょうの高さを調べよう
　　　（積雪と卵しょうの高さ～雪のない茅ヶ崎の実態）
　　　・なぜカマキリはゾウのように大きくなれないのでしょうか？
　　　・カマキリはどうやって飛ぶのでしょうか？～はねの形から考えよう～
　　　（三橋君の疑問）（全国授業研究会・理科）
2月　・カマキリは、カブトムシ・チョウ・トンボのどの飛び方に近いでしょうか？
　　　～はねの形から考えよう～（三橋君の疑問）（校内授業研究・理科）
3月　・カマキリプロジェクト～カマキリ感謝会を開こう

(5)　家を通して家族を見つめる授業

（平成13年度新採用）中西貴和子

平成14年度　6年生　社会科実践

『お家をつくろう！　～未来を描いて～』より

(1)お家を授業に

「家が授業になる」という話をいただいた。そのときは「おもしろそう」という感覚のみだったが、「家」というテーマで自分自身で単元をつくっていくということに魅力を感じた。

お家の魅力は、自分の未来を想像しながら考えることができるというところにあった。「こんな部屋でこんなふうに過ごしたい」「この家でこんな人たちと過ごしたい」そんな願いや夢を思い描きながら考えていくからこそおもしろい。自分の将来について、自分の家族について考えるきっかけとなってほしいと願いながら、このテーマを子どもたちにぶつけてみようと思った。卒業を控えた子どもたちと、夢中になって取り組むことができるテーマ、そしていまの自分を振り返りながら学ぶことのできる何かを共有したいという強い思いが私のなかにあった。しかし、実際に授業をどのように進めていけばよいのか、自分のなかでまったくまとまらないまま時間だけが過ぎていった。

どのような視点から入っていこうかと、迷いながらのスタートであった。はじめの一歩は、お家についてのアンケートだった。「私にとって家とは?」という質問に対して、「帰るところ・安心できるところ・落ち着くところ・生活の場・自分の居場所・環境から身を守るところ・静かな場・家族と過ごすところ」という結果が出た。私はここでたった一人、「家族と過ごすところ」と話した純子の言葉に驚いた。いま思えば、自分の思惑に則ったものだったかもしれないが、普段家のことをあまり話したがらない純子が、みんなの前で自然と口に出してくれたことは、うれしいことだった。アンケートから、子どもたちが家族と共に過ごすことのできる安らぎ、くつろぎの場として家を捉えていることに安堵を抱くと同時に、個人のプライベートな面ももとめていることを改めて実感した。

(2)学習参加で始めてみると

「家族」をテーマに家を考えていきたい。そのためには、ぜひ保護者の方々の思いも聞いていきたい。そのような気持ちは学習を始める当初から私のなかにあった。2回めの授業は学習参加で行った。「リビングルームを考えよう!」というもの。広告を見ながら、予算内で何もない部屋を自分なりのリビングルームに作り上げていくという作業を行った。限られた予算のなかで何を選択するかに、それぞれのこだわりや思いが出てくることを期待していた。子どもたちは作業に熱中していた。自分で自由に生活空間を作っていくこと、そしてそれを見合うことを楽しんでいた。普段は発言することのない勇一が友だちの発言に対して手を挙げた。「ぼくだったら、テレビはいらない」。ほとんどの子どもはテレビを優先品目に入れていたのだが、そのようななかで自分の思いを発してくれたことがうれしかった。隣にお母さんが座っていたことが大きな支えとなっていたようだった。また、「私は絶対、テレビがなくちゃ」というお母さんの話もおもしろかった。それぞれの違いを楽しみながら、親子で「お家」について考えることができた。出だしは好調であった。

自分なりの家を考える楽しさを味わい、「またやりたい!!」の声が上がるなか、次の方向性を考えた。自分なりの家を考えるためには、自分のなかにいくつかの材料をもっていなければならない。単なる夢物語に終わらせないためにも、家についての情報集めの授業として、広告の授業を行った。2種類の間取りを比較しながら間取り図の見方や、家を考えるときの視点を話し合っていた。その後、「私のお勧め物件」として、広告作りを行った。広告を使いながらの数時間のなかで、間取り図の見方を学ぶことはできた。しかし、広告にある家の間取りは同じようなものばかりであって、自由設計の家とはまるで違う。だんだんと子どもたちの意欲は停滞していってしまった。

(3)「まだやるの?」

もうここまでかと思った。これから先、どう建て直していこうか見通しも立たずに授業は中断した。リビングルーム作りでだれよりも熱中していた純子からの言葉である。クラスはまとまりを失い、子どもたちと私との間での思いのすれ違いがたびたび起こるようになっていた。私のなかには、この授業を通して、クラスで一つのことに熱中する時間をつくりたいという強い思いと焦りがあった。しかし、そのための方策は見当たらなかった。そのようななかで、同じテーマで取り組んでいた先生の研究授業があった。自由設計の一つの家の間取り図を見ながらの話し合い活動であった。子どもたちはさまざまな視点から間取り図と向き合っていた。そして、友だちの小さな発見の一つ一つを丁寧に受け止め、広げていた。それを見て、私自身が子どもたちの抱いていたさまざまな気づきを制限してしまっていたことに気がついた。一つ一つの小さな気づきを大切にすることが大きな広がりへとつながっていくことを実感した。

子どもたちにお家の授業についての感想を書いてもらった。「設計図はどうやって決めるの?」

「お勧め物件についてもっと調べたい。行ってみたい」「欠陥住宅について知りたい」などが出てきた。まだまだお家のもつ魅力は生きていた。「良かった」と思った。そしてもっとも多かったのは、「はじめにやった部屋作りをやりたい」というものだった。自分の家作りに取り組んでみたい、という気持ちは消えていなかった。

そのようななか、やはりやるなら見学へ行き、実際に目にして考え、視野を広げることが必要だという佐藤先生のお話をいただいた。見学については迷っていた。モデルハウスへ見学に行って見てきたものを、自分のものとして噛み砕き、自分の家作りに取り入れることができるだろうか？　という不安があったからだ。しかし、授業の行き詰まりを感じていた矢先でもあり、また、「行ってみたい」という子どもたちの声を聞いていたこともあり、実行に移すことにした。

「見学をして良かった」と思った。見学へ行き、さまざまな家を目の当たりにして子どもたちのイメージはぐんと広がりを見せたようだった。学習参加となったため、保護者の方の言葉による新たな気づきも生まれていた。下降ムードは上昇の兆しを見せた。これまで興味を見せなかった将樹が、見学後のグループ交流で次武の気に入った場所について話をしている姿を見ることができた。「まだやるの？」といっていた純子は、資料をたくさん集めてきて、調査結果をまとめていた。間取りに注目して話を進めるなか、純子は細かなシステムや配色にこだわりをもって話をしていたため、グループの報告は興味をひくものとなった。

グループによる見学調査結果の報告会を終えると、いよいよ自分の家作りの開始である。研究授業当日は、家作りの第一歩として、部屋と部屋のつながりを考えようと思った。洋室や和室、リビング・キッチンを簡単に配置するという作業を考えた。部屋と部屋のつながり方を考えることによって、家族の様子や暮らし方を考えていきたいと思っていた。おおよその配置を行ってから…、そう考えていたが、甘かった。子どもたちに提案をし、実際に作業に入るとプラスアルファが続々と出てきた。私の提案以上に自分のお家を考えることに夢中になっていった。そしてそのようななか、自分の家のことはあまり話さず、授業でも距離をとっていた健二がつぶやきながら、一生懸命に間取り図を書いていたのである。「お母さんは奥のほうの部屋にしてあげよう」「ドアはたくさんついているんだ。部屋のなかを通らなくては次の部屋に行けないんだ」この声を聞いて胸がいっぱいになった。この言葉をみんなに伝えたくて一人で焦ってしまった。健二が授業のなかで素直に自分の思いを表現しようとしたこと。そしてそれを私自身に伝えてくれたことがうれしかった。

当日の授業は私の思惑とは全く違う展開となってしまった。1時間の授業としてなんのまとまりもなく、だらだらと時間が過ぎてしまい、当初の目的であった、お互いの交流がまったくといってよいほど行えないまま授業を終えてしまった。しかし、私にとって、幸せな時間であったことは確かである。なにより子どもたちが夢中になって家作りを行い、さまざまな姿を見せてくれたことがうれしかった。「これはしっかりと受け止めて、子どもたちに返さなくては」、そう思っていた。

⑷最後には

「Challenger37の家づくり」と題し、クラスで一戸のお家を考えたいという思いをずっと抱いていた。一人ひとりのこだわりや思いが出てきたら、それをグループで交流させながら、一つに重ねていきたいと思っていた。しかしそれはあきらめた。私自身のなかに、どこか、クラスで一つのものに向かいたい、一つのものを形にしていくことで、共有できる瞬間をつくりたいという切なる願いがあったのだと思う。しかし、「自分の間取り」を書き始めた子どもたちを見て、無理だと思った。一つにまとめることなどできないと思った。一人ひとりの間取りそれ自体にたくさんの思いが込められており、物語があることを実感したからである。単元構成が違えば、一つに向かうこともできたのだと思う。しかし、一人ひとりが思いを込めて書いたものをバラバラにしたり、重ねたりということはもう不可能だった。そこで、それぞれの間取り図を深めていくこと、見合い、交流し合うことで、この学習を終えようと思った。間取り図を見ただけではけっしてわからないこだわりや工夫があった。家族とのかかわり方も間取り図には込められていた。友だちの話を聞くなかで、自分とは違う生活観や家族観にほんの少しでも触れることができていたらよいと思う。

長いスパンで授業を行ってみて、得たものは大きかった。子どもたちの表情が日々変化していった。その表情を目の当たりにしながら、次の授業を考えることはとても難しかった。はじめに考えていた授業構想はほとんど変化していった。子どもたちの思いを探りながら試行錯誤の日々であった。この学習で目指したものは、「自分のお家」を考えることによって、「家族」や「自分の生活」を考えるきっかけづくりをすることであった。しかし、正直にいって、その当初の目的まで至ることができないまま終えてしまったという思いが強い。夢中になって描き、自分自身の思いを込めながら表現していた一人ひとりの「お家」はもっともっと交流し合い、深め合うこともできたはずであり、自分自身の力不足を痛感している。

しかし、私自身、子どもたちの取り組む姿勢から多くを学ばせてもらった。自分で単元を構築していくことの難しさや戸惑いと同時に、楽しさも味わうことができた。なにより、「お家」の持つ魅力は強力であった。違う形で、また取り組んでみたいと思う。

（平成13年度新採用）堀内利紀

(6) メディアに操られないために

平成14年度　5年生　社会科実践
『テレビマスターへの道　～のぽのぽ放送局開局～』より

(1)単元設定にいたるまで

五年生社会科「情報・通信」の分野を扱うとき、ある題材を徹底的に、そして実体験を通して掘り起こすような授業がしたいと考えていた。世の中の急速な情報化に立ち遅れないようにと思ったからである。テレビ放送のデジタル化に伴う多チャンネル化はもうすでに始まっており、大量の情報が子どもたちを取り巻くようになっている。メディアが伝える情報が日常のあらゆる局面に深く浸透し、我々のものの見方や考え方から文化の形成に至るまで大きく影響する時代。情報というものを深く考えたかった。

とにかく、「テレビの秘密を探ろう」路線の授業構想を本校校長にまず話をしたら、なんと、元NHKチーフプロデューサーの方をさっそく紹介してくださることになったのである。これは思わぬ展開。これが、本単元の協力者・戸崎さんとの出会いだった。番組制作を数十年にわたって手がけている映像のプロである。この出会いにより、教材化への道に新たな光が照らされた。「テレビ番組作りへの模索」である。このときはじめて本単元のキーワードとなる「メディアリテラシー」という言葉を聞いたのだが、同時に「情報の何」を子どもたちに伝えたいのかを明確にもてるようになった。実体験をもとに掘り下げたいという私の最初の願いを実現してくれる手立てとして、「テレビを知ろう」という流れに「番組を作って放送しよう」というもう1本の流れが加わり、大単元構想がスタートしたのだった。

私は、この単元において、メディアが送り出す情報を単に受容するのではなく、意図をもって構成されたものとして、積極的に読み解く大切さを伝えようとした。テレビマスターになろうという呼びかけのもと、実体験として「番組を作る」活動を進めていくなかで、氾濫する情報に振り回されず、自分に役立つ情報を取捨選択する力や、自らも情報を効果的に発信できる力を養えたらいいなと思いながら授業を展開した。

本稿では、協力者の戸崎さんの助言を受け取った子どもたちが「映像」というものをどのようにとらえ、番組作りがどのように影響し変わっていったのか、そして、子どもたちはどんなことに苦悩し、そこにはどんな学びやドラマがあったのだろうか。映像を文字で語ることの難しさは重々承知だが、検証することで本単元の意義を見出すことに挑戦したいと思う。

(2)学習のあらまし

教師の「やる気満々」で始まったこの授業。しかし、子どもたちがやる気にならなければ意味がない。期待と興奮を抑えつつ、「テレビ番組を作り、それをプロの人に見てもらいます」ということを告げると、思った以上の反応が返ってきた。なかには悲鳴にも似た叫び声を出す子もいた。教材との出会いは上々である。あとは、どのように子どもたちを学びの世界に浸らせるか。学習の整備が急がれた。まずはクラスを4グループに分け、番組のテーマを決めた。番組のテーマは「学区の知られざる名所」に決まり、それに沿い、自分たちが作り上げたい番組を考えた。そして、今後、活動は企画・取材・撮影計画・撮影・編集へと展開していき、戸崎さんに撮影テープ(編集をして3~5分程度の番組)を見てもらうことになる。

いま振り返ると、子どもたちは知識のない段階からこれらの取り組みを行ったので、相当大変だったと思う。まず、企画段階で名所探しに苦労したし、取材を行うにもアポをとったり、インタビュー内容を考えたり、カメラを回すのも演技するのも一苦労。光の反射板(照明係)、ディレクター、タイムキーパーの存在はもち合わせの知識で登場させてはいたが、どうもかみ合わず、実際には特に役に立ってはいなかった。しかし、てんやわんやの一連の活動ではあったのだが、子どもたちの表情はとても生き生きとしていたし、取り組む姿勢は実に主体的で、なにより仲間と楽しそうに取り組んでいたのが印象的だった。生まれてはじめて行う「撮影」という行為に興奮したのだろう。この姿に担任としてこのうえない喜びを感じていたと同時に、この授業を進めていく担任自身の原動力になったのは間違いない。

そうこうしているうちに戸崎さん来校の日を迎え、撮影テープをみんなで見ながら、お互いに批評し合い、その後、戸崎さんより感想とアドバイスをいただいた。「次回もう一度会いましょう」という約束を交わし、それ以後、子どもたちは熱意を持って再撮影に取り組むことになる。

(3) ある班の学び

3班の題材は「岩沢さんちのトマトハウス」。学校から歩いてすぐのところにある大きなビニールハウスである。そのトマトがマンガ「美味しんぼ」に登場したという噂を聞きつけ、学区にこんな有名なトマトハウスがあることに驚き、有名になったわけがあるのではないかという疑問から出発した。

この班は1回めこんな映像を持ち帰ってきた。ビニールハウスの主である岩沢さんの横に並び、さまざまな質問をぶつける。「おいしい秘訣」「はじめてトマトを作ったときの感想」「トマトの植えつけと収穫時期」といった質問だった。インタビュー形式の番組を作ろうとしていたのだ。が、ただ一つ、子どもたちにとって大きな誤算があった。トマトが赤くない…。トマトの実は大きかったが収穫前の取材だったため、子どもたちが期待していた赤いトマトの実が見られなかったのである。トマトのおいしそうな映像がほしかったこの班は、その後、写す場面もなく途方に暮れてしまう。青いトマトを見ながら、苦し紛れに「この実が赤くなるのが楽しみですね」というほかなかった。この班の持ち帰ってきた映像に「何を伝えたいのか」という明確な意図がぼやけていたのは言うまでもなかった。延々と続けられるインタビューシーンしかなかったのだから。岩沢さんも少し困惑の表情を見せていた。ただし、教養番組として、トマトのことを知るという方向性をたどれば番組ができないわけではなかった。

そんなもどかしさを感じながら、戸崎さんの指摘を受け2回めの撮影に入っていく。しかし、子どもたちの目は死んでいなかった。むしろ、そこから活路を見出そうとしていた。完成テープを見た我々大人をうならせるほどのものを仕上げてきたのである。

どんな番組が出来上がったのであろうか。まずはタイトル画面。音楽に乗せて、岩沢さんがトマトの世話を大事そうにしているシーンをもってきた。そこから、インタビューシーンに入るのだろうと思っていると、突然家庭科の先生が教室で登場した。(いつの間に交渉したのだろうか…)「トマトを調べてくる宿題をやってきなさい」と伝えていた。子どもたちは「え〜」と言いながらトマトハウスへ向かう。トマトが赤いのか、まだ青いのかを予想し合いながら。そして、岩沢さんとの出会いのシーンとなる。すると、隆がこんな質問をした。「トマトは赤いですか…?」

なんとも唐突である。しかし、2回めもトマトは赤くなかった。その理由を岩沢さんが「申し訳ない」という表情で子どもたちに伝える。その後、今のビニールハウス内での青いトマトの状況を映像で出し、いくつかのインタビューをした後、場面が切り替わる。スーパーで買ってきたトマトを出し、「こんなおいしそうなトマトができるんですよ〜」と言いながらおいしそうにトマトをほおばるシーン。そして、最後にもう一度家庭科の先生が登場し、「今度発表してもらいますから」と告げると、「あ、忘れてた…」という亜紀の一言で番組が終了した。なんともあっけない幕切れではあった。しかし、一連の流れは、次の展開を予想させない巧妙なつくりになっていたのである。さらに、1回めあれだけ長時間撮ってきたインタビューカットがほとんど使われていなかった。編集に子どもたちの意図や思いが明らかに見て取れる。よく考えてみると、「岩沢さんのトマトが有名な理由を探りたい」というのが番組作りのスタートだったはず。それがなぜ…?

おそらく(これは推測だが)、インタビューシーンによる番組構成に子どもたちなりに限界を見たのだろうと思う。つまり、子どもたちにとって、その手の作り方は肌に合わなかったというか、つまらなかったのであろう。子どもたちにとって、誤算だった青いトマト。しかし、そのハプニングから活路を見出そうした結果、延々と続けられたインタビューカットをあえて使わなかったのである。トマトがもし赤かったら…、この番組は作られなかったように思う。

カメラマンの善郎が「スーパーのトマトを使ったら、うそになるよ」と私に言ってきた。赤いトマトの映像はほしいが、うそは言いたくない。そんな気持ちが言葉に表れていた。「番組だから、しょうがないよ」と言う雅人。「番組って、うそがあるんだね」と複雑な表情をしていた善郎は、きっと自分がテレビを見る側に帰ったとき、違う視点で見るようになるだろうなと思った。

もう一つ、メンバーの亜紀の感想が忘れられない。

「楽しかったこともあったし、ときどきけんかしたり怒ったりしたけど、最後はテープができてよかったと思います。いま思えば、たったあれだけのテープを作るのに何か月苦労しただろうか、ということを思うと、本当にうれしい気持ちでいっぱいになった。また、やりたいな…」

⑷実践を振り返って

この授業を通して、子どもたちは何を学び、どんなことを感じてくれただろう。担任として、どんな学びの下支えができたのだろう。夢中で取り組んでくれた番組作りのなかに、私の願ったことをどんな形で子どもたちは取り込んでくれただろう。

私は担任として、活動を見守ることしかできなかった。番組作りが初挑戦で手探りの毎日であったのは事実であるが…。カメラワークも映像技術も編集の観点も何がいいのかわからない。知ったかぶりで教えることの危険性と愚かさも知っていた。だから、手を出すことができなかった。そんななか、なぜ、子どもたちはあれだけ夢中になれたのだろう。

そう考えると、本単元での戸崎さんという存在の大きさが身に染みてわかる。戸崎さんに見てもらえるという緊張感と楽しみ。プロによる適切な助言と新しい観点の提供。そして、「もっと、いいモノを見せてやる！」という動機づけの部分での心の存在。いろいろな点で、子どもたちの心のよりどころとなってくれたと思う。学習を行う際の「心のよりどころ」というものが目には見えないが必ずあって、非常に大切なものであるということを感じさせてくれた。

子どもたちは、一連の「一本のビデオテープにする」という活動を通して、次のような感想を抱いている。

・初めは簡単そうだなって思っていたけど、作ってみてその大変さがすごくわかりました。いまは、テレビを見るとき「どんな場面の変わり方をしているのかな」って思いながら見てしまいます。

・宝生寺に何回もとりにいって大変だったけど、1本のテープがぎりぎりでできた。完成したテープを見たときはまだ直したいところがいっぱいあったけど、楽しかった。

・テレビの映像はすぐ流れていってしまうけど、その10秒の間にいろいろな苦労が詰まっていることを勉強できたような気がした。

・僕ははじめ、テレビマスターへの道の授業がいやだったけど、どんどんどんやっていくうちに楽しくてたまらなくなっていきました。撮影もすごく楽しかったです。

・放送するのは3分だけど、いいものを作ろうとするとどうしても時間がかかってしまう。でも、見る人が楽しかったりその人が知らないことを知らせたりすることができる映像は人にとって大切なものだ!!

・結構使われないところはいっぱいあった。その使わなかった理由はわかりやすくするためやおもしろくするためであって、それを全部使おうとすると何がなんだかわからなくなってしまう。せっかく作った映像が全部水の泡になる。それなりに班で厳しくいらないところは使わなかった。

・一つの番組に10人以上の人がかかわって、その映像を作るのに2か月以上かかって、それを見てくれるのがとてもうれしいことだとわかった。

子どもたちは、苦労した体験から番組作りは大変なものと認識したようだった。それでも、みんなに見てもらえると作る甲斐があるということも感じとっていた。同時に、番組とは膨大な情報量から制作者が情報をセレクトし、それを編集でつなげたものであるということも学んでくれたと思う。膨大な情報量＝真実であって、編集されたテレビ番組は真実であるかどうか、そのことには私からアプローチはしなかったが、子どもたちなりに感じてくれたことが何よりうれしく思う。

この活動は、日ごろ目立たない子どもたちがとても目立っていた。出演したのはわずかな子どもたちであるが、すべての子どもにスポットライトが当てられていたといっても言い過ぎではないと思う。

日ごろ声に出ない翔太がカメラマンとしてしきりに声を出し、的確な指示を出していた。教室だったらつぶやきとして聞かれていたことが、しっかりとした意思をもった言葉としてみんなに受け入れられたのである。いつも、少しみんなからからかわれる魁二が、照明係として献身的に光を集め出演者に光を当てていたのも印象的だった。勉強も遅れがちな彼ではあるが、「今までで一番楽しかった授業だった」と感想を寄せてくれた。光り輝いていたのは彼のほうだった。

この授業を通じ、子どもたちに対する発見が多かったのに驚いている。もちろん、映像を作る作業の難しさや映像テクニックは子どもたちといっしょに学ぶことができた。しかし、担任として、何より収穫だったことは教室での子どもたちと撮影活動中のときの違いを発見できたことだ。

教室だけの子どもたちをその子そのものとして見てはならないことを改めて感じることができたのは非常に大きかった。

(5)終わりに

私の「釈然としないテレビ局に対する疑問」からスタートしたこの授業。子どもたちが生き生きとした表情で取り組んでくれたことに、本当に感謝したい。

しかし、完成した4本のビデオテープのなかには、非常に多くの課題が残ったのも事実である。それは、大人の感覚だからそう思うだけなのかもしれない。そこはわからない。それが、「映像」を作る魅力なのであろう。

戸崎さんが残してくれた言葉を思い出す。

『チームで映像作品を作るという作業は、人間の力を総合的に鍛えるものだ、ということを改めて感じました。』

もう一度挑戦してみたい。今度は、何ができるだろう。何かとんでもないことを子どもたちはやりそうな気がする。スケールアップしてもスケールダウンしても、それが「映像」なのである。

最後に、雄太の感想より、

「編集を長いことやったけど、テレビを作るのにこんなに苦労するのかということがわかったし、結構おもしろかったので、またやりたいです。でも、六年生になったら堀内先生が替わっちゃうかもしれないので、できないかもしれない。」…　担任替わらなかったよ。雄太。

(7) 親と一緒に授業をしたら　子どもが変わった

福谷秀子

平成13年度　3年生　社会科実践
『買い物達人～かっとびストア1組開店までの物語～』より

(1) 買い物をするなら、お料理を作って楽しんじゃおう！

2学期、『市の人たちの買い物』単元で、カレーライスを作るための買い物をすることを計画した。三年生なので、調理実習は未経験。そこで保護者の方々と共に学習する「学習参加」を取り入れスタートとした。全員に三角巾を渡し、大好きなキャラクタースタンプを自分で選び、オリジナルのマイ三角巾を完成させた。子どもたちは、カレーライス作りに向けて準備を始めた。最初に自分の家のカレーライスについて材料、買ってくるお店、作り方、工夫点等を調べた。ここで家の人とのコミュニケーションと共同作業が始まった。祐太朗君はカレーのパッケージから野菜の値段までをお母さんの協力を得て調べ、そのうえ新聞のチラシをも毎日チェックして野菜の値段の変化を丹念にまとめた。これにはお母さんが悲鳴を上げる始末。「野菜の値段はそれほど変わらないから、大丈夫よ」と言われても、頑として毎日チェックを続けた。治美ちゃんは、作り方をお母さんに教えてもらい、その工夫をグループで提案し、オリジナルカレー作りに挑戦した。実習時の姿を見てお母さんは、治美ちゃんが「自分の家のカレーを意識している」ことを知り、うれしくなったと語った。

準備は進み、実習前の買い物に出かけることになった。学習参加で、各グループに保護者がサポーターとしてつき添い、子どもたちが選んだお店に出発。出発前にぐずった勇二君をお母さん方がなだめたり、調子が悪いと不安だった真里子ちゃんは、お母さんが「大丈夫よ、歩けるわね」と声をかけ、手をつないでもらったら安心して出発した。お店までの足取りも軽く、往復の道のりは遠足気分。お店に着くと、材料調達だけでなく、お店の工夫も見るので、商品の並べ方や照明の様子、お店の人たちの対応や動きなどにも、注意を払って見学した。お母さん方が驚いたのは、普段見られない子どもたちの積極的な姿であった。ニンジンの数が多いとお店の人に交渉して、欲しい分だけ分けてもらった恒太君。予算より高い値段の野菜を見て、隣のお店に行こうと言った優美ちゃん。それまでの学習をいかした子どもたちのパワフルでよく考えた行動がたくさんあり、私も大喜びであった。

調理実習当日。8割以上の保護者の方々に協力いただけた。いつもお母さんが参加するが、休みの日なのでお父さんが参加しわが子の姿を見ようと考えた亮太朗君の家族。おばあちゃんが毎回参加してくださる眞美ちゃんのお宅。赤ちゃんを抱っこして参加してくださる美絵ちゃんのお母さん。弟を連れて参加してくださる哲平君のお母さん。みなさん、子どもたちと一緒に「カレー作り」を楽しまれた。一人ひとりの子どもたちが、保護者の方に支えられ、学びつつ夢中でカレーを作っている姿があちこちで見られた。子どもたちは大きな達成感を味わうことができ、大満足。保護者の方々も、一緒にやり遂げる充実感を味わい、クラスへの協力体制の基盤がここで生まれた。

⑵真里子ちゃんの発言から学習の展開が…

クラス全体が大きく盛り上がり、子どもたちのかかわりのベースを作ったカレー実習が終わった。ここまでの学習を通して、わかってきたことは、子どもたちは自分たちで調べることに意欲をもっていること。保護者の方々も事後の感想などで、「子どもたちとまた学べる機会があったら参加したい」という声が多く、積極的なお気持ちと意志があることだ。

実習後、買い物したお店で気づいたことを発表した。そしてこの授業中の発言から、学習のその後の方向性を決定づけるものが飛び出してこようとは予想だにしなかった。子どもたちは実によくお店の工夫を見てきていた。発表していたとき、真里子ちゃんが発言をした。「野菜を作っている人は、みんな全部買ってもらいたいと思っているんじゃないかな」「お父さんも、お母さんも一生懸命野菜を作っているよ」。これは子どもたちにとっても私にとっても新鮮な意見だった。

消費者（お客さん）の自分たちが買い物をするときに工夫している。また、商品を売る側のお店の工夫も見てきたので少しはわかる。しかし真里子ちゃんの発言はものを作る「生産者」側からのものであり、毎日の生活から出しているものであった。そこで、真里子ちゃん一家に協力していただき、野菜のお店を開くことを目標に授業をしたいと思った。学区に生産者の方々が大勢いらっしゃるという環境を最大限いかす。普段何気なく見ている田畑やビニールハウスを意識して見つめさせたい。そのうえで、地域に愛着をもってもらえたら…、と考えた。

「3学期にお店を開こうと思うけれど」と打ち明けると、子どもたちは大喜び。「先生、本物の野菜でするの?」「おもちゃのお金で『ごっこ』のお店をするの?」と健太君や祥太郎に聞かれてしまった。「本物の野菜とお金で、本物のお店を出そうと思うんだけれど」。この提案は効果絶大。大変さを乗りこえ、子どもたちの「やりたい」という意識が高まった。自分が調べることはすべてお店作りに直結するので、真剣さが増し、細かいところまで観察し始め、グループの協力体制も高まっていった。「店づくり」のため、子どもたちはもう一度見に行きたいお店にグループ毎に出かけることにした。各家庭には学習の予定を知らせ、安全面を考慮し、子どもたちの気持ちの拠り所として「学習参加」を今回も実施することにした。

このころには、子どもたちも保護者の方々とのコミュニケーションがとれるようになっていた。したがってわからないことを聞いたり、注意をしてもらったりと、友だちのお母さんやお父さんというより、親子のような雰囲気さえも生まれていた。これが学習参加の産物であり、私を含め教室にいる人のよい刺激になっていた。この過程で、子どもたちの変容が見られた。お店の工夫をもっと見つけるために、普段の買い物にはついて行くことがなかった光昭君は、お母さんと一緒に買い物に行くようになり、一つひとつの品物をよく観察するようになった。また幸四郎君は、お店で新鮮な野菜の選び方をお母さん方に説明して選んだ。学習が生活の場でいかされていることに、また家族の会話にも登場していることを知り、私はうれしかった。学校で子どもたちが学んでいることを家族が知り、家庭でもその支えをしてくださること…。あとで知ったことであるが、これらを通して家族のコミュニケーションや絆がさらに深まり、親子の新たな発見が生まれそうである。

⑶調べたことをまとめてみる「島づくり」

子どもたちは自分たちのもっている情報をカードに文で表した。もちろん絵もＯＫ。寿子ちゃんは、まとめるときに力を発揮。グループのカードを見ながら手際よく「これはここだよね」と、友だちに確認しつつ並べていった。グループのお友だちは、またそれを確認しながら協力してカードを貼った。自分のカードを主張してときどき小さな衝突もあったが、それも経験のうち。グループのなかでなだめられておさまるように、目標があると自分たちで解決できるようになっていった。

カードによる「島づくり」は2回行った。2回めは「かっとびストア」を開くために「野菜のコーナー」に限定して発見したことをまとめることであった。そして2回めの「島づくり」は「学習参加」で行ったのでより大きな効果を生みだした。事前にカードの整理方法は保護者の方々に説明した。グループのまとめ方はさまざまであった。子どもたちが、意見を出し合って自分たちでどんどんまとめたところもあれば、お母さんのアドバイスをもらいながらまとめたところもあった。健二君のお母さんは、子どもたちが一つ一つの島にタイトルをつけるのに迷っているとニコニコしながら「さあ、どうしよう？　じゃあ『何でも島』という名前にしておく？」とその場の解決する手だてを出してくださった。そのため子どもたちは一つところでとどまらず、カード分類が進んでいったのである。また健二君が自分の意見で進めようとすると、「お友だちの意見を聞こうね」とピシャリ。健二君が素直に聞くことができるのも、学習参加の産物。さすがお母さんパワー。子どもたちの導き方がお上手！　私も学ぶ貴重な機会となった。

いよいよ各グループの発表。聞くグループは自分たちの作った「島」を見ながら、タイトルが違っても同じ内容である場合や、共通部分などを発言し確認し合うことで、「お店の工夫」の観点を把握していった。そしてその後のお店づくりの具体的な行動に大いにいかされることになった。「島づくり」は『大人も考えている』ことを知り、子どもたちが真剣に取り組む大きな契機になった。分からなければ大人が教えてくれるのではなく、お母さんたちと一緒に振り返り、考えることが、いままでの学習と違うことであり、子どもたちにとって新鮮に映ったようだ。三年生の「お店開店」である。実現させるにはどのような手順で進めるのか、私もはじめてであり、情報収集や方法が不足していた。時間も限られている。そこで出発点に戻り、真里子ちゃんのお家へお願いにうかがうことにした。

(4) 真里子ちゃん一家の協力で

真里子ちゃんは、事前にご両親に頼んでくれていたと思われる。うれしいことにご両親も授業の主旨をご理解くださり、協力してくださると快く引き受けてくださった。ありがたかった。真里子ちゃんのご両親のお力添えがなければ、とてもできない展開であった。まず6軒の協力者をご紹介いただいた。どのお宅も、子どもたちが値段の交渉に来ること、質問が出たら答えてくださることなどを快諾していただいた。子どもたちには、提供していただく品物を知らせ、グループでどのお店やさんになるかを決めた。真里子ちゃんのお父さんには、学習の進み具合や準備することなどの情報を地域の農家の方々と連絡をとってくださり、スムースに運ぶようにご尽力いただいた。これは、私のエネルギーをパワーアップさせ、支えてくれるものであった。

6グループで6種類のお店を開き、そのそれぞれのお店は「かっとびストア」のなかにあるという設定であった。仕入れる品物はバラ、ミニトマト、わけぎ（そしてかぶ）、ほうれん草、小松菜、そして大玉トマトだった。ここまでくると、私だけでは動きがとれない活動範囲で、再度「学習参加」の登場となった。参加してくださった保護者の方々が一緒に値段の交渉や、仕入れ方法の確認をしながら、子どもたちと共に生産者のお宅を訪れることで、お店からでは知ることができない交流ももてたのである。そして「生産者」の方々の品物へ対する「熱い思い」を知り、それを通して自分たちが売る「品物」への責任を感じていった。

子どもたちの目標は、お店を出して「責任」をもってお客さんに「売ること」。そのために、子どもたちは多くの「工夫」をして、さまざまなことを始めた。まず、チラシ作り。作りたい子どもたちが多いので、チラシを手作りして「知っている人に渡す」こととなった。一番早く寿子ちゃんが夢中になった。家へ帰ってからも連日考え、試行錯誤を重ねていた。そしてお客さんに伝えたいこと、商品のセールスポイント、生産者の思いをちりばめ、見栄えもする本物のチラシのように作った。これが友だちのよいヒントとなり、それぞれの個性を出しつつ、ポイントをチラシのなかに表現するのに大いに役だった。

次に、お店ごとにアピールするポスター作りである。これは主に「生産者の方々の思い」を表現することが中心になった。スーパーなどで見かける生産者の方の写真も入れようと取材時にとった写真から選び、文章を考え、大きなポスターを作った。学習を振り返り、光昭君は、お母さんとお店に出かけ、再確認に出かけている。そしてグループにそのことを伝え、まとめている。

グループのなかは分業になっていた。ポスター作りをする子。正札や小物を作ろうとする子、それぞれが工夫をしていた。参加されているお母さん方も夢中になっていた。駿二君のお母さんは、テーブルクロスやかごなど、小物を集めてお店をディスプレイする準備をしていただいた。眞美ちゃんのおばあちゃんは、子どもたちがポスターをかくには、子どもたち自身がその品物の味を知らなくては…と生産者宅へ出かけ、トマトを買ってきて「子どもたちに味わってもらってください」と届けてくださった。またポスターを支える段ボールがいるのではないかと提案してくださったり、私も考えていなかった「おつり」がいるからと両替を用意して持ってきてくださった。そしてグループの子どもたちにこう話してくださった。

「みんながあまりにも一生懸命頑張っているから、おばあちゃんができることを考えたの。トマトや両替えならおばあちゃんでもできるからね。おばあちゃんができることはするからね。だからみんな頑張ってね。そしてお店を開こうね」

これを聞いたグループの子どもたち、とくに達郎君は目を輝かせて、私に言ったのである。「先生、ぼくすっごくやる気湧いてきたよ！　おばあちゃんの話聞いたら。だからぼく、頑張るよ！」

(5) かっとびストア開店前日

開店が近づくにつれて、それぞれのグループでの活動も細部にこだわった。品物を入れる袋、お金を入れる箱、美味しそうに見せる並べ方の工夫、計算するための電卓…。自分たちで考えられるものは準備していた。またお母さん方も「協力」ではなく、子どもたちと一緒に文字どおり「参加」してくださっていた。店員さんの制服をイメージしてエプロンやかぶり物を持ってきたグループも登場。葉物は新聞紙のほうがよいのではと、新聞紙をその大きさに切ってきてくださった雅美君のお母さん。また卓己君のお母さんは、売る品物をあしらったバッジならぬ「手作りのワッペン」をグループの子どもたちに作ってくださった。

開店前日に各グループは、ふれあいホールで最後の準備に取りかかった。広いスペースに六つのお店。本校の先生方の協力もうれしかった。ポスター貼りを手伝ってくれたり、細かいところをアドバイスしてくださった。自分たちの「お店」である。ポスターの位置や机の配置、小物やレシピなど、子どもたちはそれぞれチェックした。子どもたちの積極的な面をいくつも見ることができた。しっかりしているけれど、いつもは控えめな治美ちゃんは自分の意見を出しながらどんどん行動した。それをグループの友だちも認めてくれる。一つの目標に向かって、お互い気づいたところを補って行動できるのは、なんと大きな進歩であろう。「本当に明日お店できるのかなあ」「売れ残ったらどうしよう」と、不安が急に襲ってきたのか、そのようなことを聞いてきた恭子ちゃん。「お店はできるよ！」「売れ残したら、生産者の方々に申し訳ないでしょ？　一生懸命売ろうよ」と言うと、「うん！」と笑顔で答えてくれた顔が私の目に焼きついている。

放課後になると、ふれあいホールを通る子どもたちが、お店の準備を見てたくさん声をかけてくれた。三年生は明日買い物ができるので「明日は〇〇を絶対買おう！」と言ったり、貼ってあるポスターを見ながら品定めをする、妙な盛り上がりがあった。その姿を見て子どもたちはますますやる気を増していった。あとは品物が届くだけになった。

⑹かっとびストア開店！「いらっしゃい、いらっしゃい‼」

開店当日の朝、子どもたちは品物が届くのをいまかいまかと待ち受けていた。真里子ちゃんのご両親が車で品物を持って来てくださった。クラスのお母さん方も品物を運び入れることがあるので、早めに集まってくださった。真里子ちゃんのお母さんは「先生、重いですから結構ですよ」とおっしゃってくださった。葉物は新鮮さを保つために水をかけてあり、いっそう重くなっていた。ここでも生産者の方々の消費者には見えない工夫があることをみんなで知った。いつもはお母さんたちにお任せの子どもたちも、今日ばかりは行動が違う。なにせ「自分たちの品物」とばかり、よく動き、力を発揮した。言われる前に自ら動くという、やればできることを実感していた。

ふれあいホールに、品物がそろいはじめると、どの品物も実に新鮮で立派なものばかり！「お店にあるものより新鮮だね」「生き生きしているね」などと、目が肥えてきたのか（?·）真弓ちゃんの声が聞こえた。お母さん方からもいつもの「消費者」の顔が見られ、「○○を早く買いたいわ～」と話す一幕も見られた。

いよいよ開店！　最初は、ちょっぴり恥ずかしかったようで、声もあまり出なかったが、隣で頑張っている奈々ちゃんを見て、声を出した藍ちゃん。亮太朗君は、お母さんのアドバイスを受けてお客さんにバラを勧めた。それを見ていた勇二君も普段の授業より生き生きと、お客さんが決めたバラを会計係のところまで持っていき、最後に「ありがとうございました〜」と笑顔で言った。またお花なので「お取り置き」というお客さんの立場に立ったサービスを考え出し、すぐ実行して大好評を得ていた。バラは開店直後に完売という状況であった。大玉トマトコーナーでは眞美ちゃんのおばあちゃんが、「親しみトーク」で子どもたちと共に店員さんをしてくださった。また達郎君は、テーブルの上のトマトが売れるとすぐに品物を取り出して商品を並べていた。そして、お客さんとの応対では照れ屋さんにもかかわらず、一生懸命お客さんの目を見て話していた。私に話してくれた「おばあちゃん効果」であった。

ほうれん草チームの連携商売には、目を見張るものがあった。声を出してお客さんを集める雅子ちゃん、買ってくれると見るやその横ですぐ袋を用意する亜矢子ちゃん、また空いたスペースにすぐ品物を補充し並べる祐太郎君、お客さんの出したお金を見ておつりを用意する太一君、それを横目に次のお客さんの呼び込みをする淳治君と間髪入れず、いつの間にか「販売の流れ」ができていた。また売るための特別な工夫もしていた。品物が売れ始めると、幸四郎君は何と「移動販売」を考え、画板を肩からつるし、その上にほうれん草を乗せて売り始めたのである。その後を治美ちゃんは袋を持って歩き、その後ろを幸四郎君のお母さんが黙っておつりを用意して支えてくださっていた。この姿にきてくださるお客さんも「ここまで頑張っているんだから、買いましょう！」となるのである。

当初、葉物は売れ残るかも…、という心配をよそに結局追加仕入れをするまでになった。真里子ちゃんのお母さんは急遽自宅へ戻り、ほうれん草をまた持ってきてくださった。同じことがミニトマトのお店でも起こった。これには子どもたちだけでなく、お母さん方もびっくり。これでおしまいでは、あまりにもかわいそうということでお電話で追加をお願いし、幸二君や美也子ちゃんは「追加仕入れ中」という看板を作り、品物を待った。お母さん方は品物を取りに行き、なんとか再開。すぐに品物を待ちわびる長い列ができていた。それでもすぐに完売という盛況ぶりであった。

わけぎのお店は季節を感じさせるおしゃれなお店になっていた。朝、春野菜をさりげなく演出して菜の花を持ってきてくださった生産者の高田さん。春の香りが漂うそのセンスと品物に対する熱い思いを感じることができた。ここはわけぎだけでなく、かぶもあるので2種類を売るという経験もできた。健二君は片手にかぶを持ち、片手にわけぎを持ち、なんと両方を売る工夫をしてプロ顔負けの販売をした。誠子ちゃんも満面の笑顔を見せて、愛嬌をふりまいて売っていた。これもお客さんに気持ちよく買ってもらおうというサービスの工夫を実践したということであろう。また、まことちゃんは、最後のほうでお客さんにサービスとして飾り物の菜の花をつけてあげるという心遣いまでみせたのである。

小松菜のグループの晶ちゃんや淳君はほかのお店よりみんなゆったり構え、売っていた。ところが次々完売する店が出てきたことで、切迫感が生まれたのだろう、大きな声を出しながら、本格的に売り始めたのである。ほかのお店のお母さん方が心配して「応援に行ったほうがいいのでは」という声もあったが、私のほうで少し待っていただいた。今回は「自分たちの野菜」を責任をもって売ることも目的であったため、ギリギリまでそのグループに任せたかったのである。真結美ちゃんや琴恵ちゃんにもその意図が伝わったのか、生産者の方の「熱い思い」を忘れずに、最後まで頑張り通し、完売したのである。

仕入れた品物をすべて売り切ったこと。これはみんなの驚きであった。「チラシを手渡ししてもらったから買いに来ちゃったわ」というお客さんもあった。「今日の品物はよいものだよ。お買い得ですよ！」と、知ってる先生にはすかさず声をかけ、複数個買ってもらうたくましい面を見せてくれた昭吾君。多香子ちゃんはお金が動くことは大変だということも肌で知ったようである。清昭君は買いそうでじっくり見たり手にとっていても買わないお客さんもいることを知り、やはり品物を吟味する消費者も実感したようである。

お店活動はアッという間に終わったというのが実感である。子どもたちは売上金と感想を書いてそれぞれの生産者のお宅へ報告にうかがった。それぞれのお宅でも子どもたちを温かく迎えてくださり、完売するまで取り組んだことを喜んでいただいたそうである。それがまた子どもたちの達成感を倍増させたようでもあった。地域に住んでおられる生産者の方々の思いを知ったことで、いままでの風景が違ってきた子どもたち。野菜に対する見方も変化した。保護者の方々から、多くの子どもたちはその後品物の新鮮さと値段を意識したり、産地までも関心をもつようになったと聞いている。

いよいよこの活動の仕上げである。収益金の使い道を最後の最後まで考え、話し合った。三年生であることも考え、目に見える形で残るもの、学校に役立つもの、そして「いのちあるもの」という希望をもち、校長先生のところに全員で気持ちを伝えに行った。校長先生は希望を受けて、「考えておきましょう」と受け取ってくださった。校長先生に自分たちの気持ちを伝えることができたことに、子どもたちは大満足。「やった〜!!」という顔、顔、顔。私も子どもたちと達成感を感じることができた。

子どもたちは進級して四年生になった。私は担任から離れた。収益金は、「しだれ桜」を購入する資金となった。校庭に「しだれ桜」がやってくる。私は楽しみにしていた。

5月中旬、知らせはきた。子どもたちはワクワク。校長先生は、「ここは陽当たりもいいし、みんなが校庭で遊んでいても見ることができるね。それから測道からも見えるからね」と話してくださった。私は校長先生のご配慮に心から感謝した。学校にいる間は、一番目につきやすいところで、卒業してからは外からも見えるところに植えてくださったこと。その桜を見るとき、必ずやあのときのさまざまな人との温かいふれ合い、かかわりを思い出し、自分の姿を思い出してくれると思う。私は貴重な経験をさせていただいた。私自身、子どもたちから味わったことのない「ささやかだけれども確かな自信」をもらった。ご支援くださった校長先生をはじめ、多大なご協力をいただいた生産者の方々、そして終始温かく見守り、支え、ご尽力くださった3年1組の保護者の皆様、そして何よりも想像できない大きな力を発揮し、すてきな姿をたくさん見せてくれた37名の子どもたちに心より感謝している。

コラム① カリキュラムを支えるもの

まずカリキュラムについて言及したい。私たち浜之郷小学校の職員は、カリキュラムを子どもの学びを保障するすべての出来事としてとらえている。授業もカリキュラムであるし、授業以外にも学びが成立していれば、それは立派なカリキュラムとして認めている。

では、どうすれば授業の質を高めていけるのであろうか？ これまた答えに窮する問いである。粘り強く深く丁寧な教材研究、細かく温かく慈しみをもった児童理解、しっとりと落ち着いた雰囲気を醸し出し、学び合いを自然に演出してくれる教室環境、子どもたち同士の信頼と安心感を感じ合える秩序ある人間関係、教師も子どもたちも共に学び合う学びに対しての謙虚な姿勢、精神面や環境面だけでなく学習面にいたっても自信と安心そして信頼を共有できるカリキュラム設定など、いくつもの課題が存在する。授業の質を高めていこうとすることは、それはそれは剛毅な精神を必要とする気高い行為である。

しかし、その答えは案外簡単であった。私たちは、毎日、その気高い行為を実際に行っていたのだ。私たちは、子どもたちを前にして懸命に授業を展開してきている。その毎時間の授業こそが、剛毅な精神の塊であり、気高い行為そのものであったのだ。その授業を残し、みんなの財産として大事にし合う気持ちをもつことで、授業の質は高くなるのである。

だが、互いに日々の授業を大事にしていくこと、そしてそれが自分の授業の質を高める第一歩であること、これらは至極当たり前のことで、別段大したことではない。いうなれば常識なのかもしれない。しかしながら、それを実行していくことはたいへん難しい行為であった。まずは、日々の授業を残していく行為が難しいのだ。指導案に残したところでそれを読み返すことはないし、指導案を毎時間書くことなど徒労としか考えられない。ビデオやカセットテープに納める。そんなことをしていたらお金がいくらあっても足りない。そして残された映像を再生する人もいない。日々の授業を残すという行為は、まさに『言うは易く行うは難し』そのものであった。が、実はいまは違う。『袋ファイル』なるシステムの導入で、日々の授業を残す行為はたいへん簡単になった。

ここで、『袋ファイル』を簡単に紹介したい。用意するのは、A４版の茶封筒である。授業で使った教具、授業化するにあたって使用した資料、写真、手紙、チケット、参考にした書物、子どもたちの作品、などなど、ありとあらゆる物をそのA４版の茶封筒にただ入れておくだけ、それで終わりである。乱暴ではあるが、それが『袋ファイル』である。実に簡単である。無造作に袋に入れておくだけでいい。私たち教師は、クリエイティブな仕事をしているという自負をもっている。こと細かに書かれた授業のレシピを出されても、それをそのままそのとおりに再現していくのはどうも面白くない。それよりも無造作に入れられた資料を手にした方が、むずむずと創作意欲がわき起こり、自分の授業づくりにのめり込める。このようにして、残された授業を継承しくり返していくことで、私たちはその教材に対する知識や認識を確実に深めていく。だからこそ、互いの授業を残し合い、授業を大事にし合うことで、自らの授業の質は高まっていくのである。

カリキュラムを支えるもの、それはいくつもあるのだが、今回は、『時間』にこだわり、その時間の『使い方』にこだわり、そこから『質の高い授業の具現化』をめざすことを悟り、そのためには『授業を残し、互いに大事にし合うこと』に気づき、『袋ファイル』なるシステムを導入したことを紹介した。すべては、子どもたちと教師が誠実に向かい合い、共に学び合えるようになりたい、という切実な願いが生み出したものである。

浜之郷小学校の掲げる『学びの共同体の実現』に向け、今後も奮闘努力を続けていきたい。

袋ファイル

学習参加の風景

養護、学校事務、給食、用務職の方々も
重要な学びを支えるネットワークである。

【第四章】学校の軌跡――学びを支えるネットワーク

(1) 養護教諭の学校づくり

養護教諭　於保和子

⑴開校当時─ケアへの気づき

平成10年に浜之郷小学校が開校のとき、緊張感のなか、真新しい保健室で子どもたちを迎える準備をしていたころの養護教諭としての想いを振り返ってみたい。

オープン教室という経験したことのない教室空間に、しかもいままで一緒に過ごしてきた友だちと別れてくるということは、周囲の状況をなかなか受け入れられなかったり、自分の居場所をすぐには見つけられなかったりする子どもたちが多く出てくるのではないだろうか。そのような、クラスや学年の枠をこえて個別対応が必要な子どもたちの支援をしたいという想いが当初からあった。そして、保健室という場所が、子どもたちだけでなく先生方や保護者の方も含め、日常的にいろいろな人たちが出入りし集うという空間になり、保健室もまた学校のなかの「居場所」となるように、『誰でも、いつでも、どんなことでも入りやすい保健室』『明るく、身近で、親しみやすい保健室』を心がけたいと思ったのである。

教室になかなか自分の居場所を見つけられないでいる子を、保護者も教師もなんとか教室に入るよう促そうとすることにエネルギーを注いでしまいがちである。しかし子どもにとっては、そのことが自分の気持ちに寄り添ってくれていることに、はたしてなるのだろうか。不登校とか、母子分離不安とか、暴力的になったりとか、これらのさまざまな状況はけっしてマイナスの状況ではなく、成長の一過程であり、その子なりにワンステップ上がるための必要な期間であると私はとらえてきた。子どもは子どもなりのパワーをもっており、乗り越えるための充電をしているのだと…。その充電の仕方も充電する期間も、子ども一人ひとり違うし、いつから始まるのかも誰にもわからない。来学期になったらとか、～の行事までにはなんとかという言い方をすることがあるが、周囲がその期間を決めてしまうこと自体無理がある。子ども自身が納得のいく充電が終わるまで、そばで見守り続けるには予測できない時間を要する。

1年め、開校のための式典やその準備であわただしいなか、健康診断も同時進行させなければならなかった。5月になり、3人の子どもたちが保健室で過ごすようになった。大人の側から見れば、3人には個々の背景と症状があった。しかし、その3人の子どもたちにとっては、それぞれ個々の症状はお互いにまったく関係なく、偶然同時に保健室で過ごしていただけのことである。3人別々にそれぞれの個別対応を必要としたわけではなかった。

最初は、一人ひとりにどう対応すればよいのか、健康診断をやりながらどう接していけばよいのかなどと考えていると自分自身に余裕が無くなり、どうしたらよいか判らなくなってしまっていた。こちらがバタバタしていればいるほど、三者三様にかかわりをもとめられ、両手両足を四方から引っ張られるような状況になってしまったこともあった。結局その状態は、「私サイドの対応の仕方」ばかりが先行し、「いまその子が何を必要としているのか、何をもとめているのか」が後になっていたのかもしれない。ときには「何をしてあげられるか」などという傲慢ささえあったのかもしれない。いまにして考えれば対応に追われてしまっている状況のときには、自分自身に標準がおかれ、『目の前にいる子』に気持ちが向いていなかったのではないかと思う。

母親が家事をしている傍らで、兄弟が遊んでいるという場面を考えてみると、子どもたちは母親が手を止めて相手をしてくれることを常にもとめているわけではない。母親をもとめたいときに呼べばすぐに返事をしてくれる距離間と安心感のなかで、自分たちのペースでその場を過ごしているのだと思う。同じように、保健室で過ごす子どもにとっても、この距離間が近すぎれば、押し付け、余計なお世話になってしまうし、遠すぎれば満たされていない状態になってしまうだろう。

そのような距離間を意識しながら3人の子どもたちと一緒に保健室で過ごすうちに、少しずつ見えてきたことがあった。それは、最初は3人とも私とのマンツーマンでのかかわりをもとめていたが、それぞれが互いを意識するようになったころから、3人のやり取りが、理屈ではなく子ども同士だからこそ、お互いに理解し通じ合える何かを私自身が感じるようになったことである。そしてそれぞれの子どもに対して処方箋のような対応の仕方に悩むのではなく、居心地の良い空間のなかで3人がかかわり合える場面を設定できるよう心がけた。あとは子どもが自分たちで関係をつくりあげていった。いつの間にか私は、その3人の子どもたちのいい表情に自分自身が穏やかな気持ちになり、写真に撮っておきたいといつも手元にカメラを置くようになっていた。そしてその瞬間、瞬間の子どもたちの表情は私の宝物になっていった。やがていい表情がいろいろな場面で見られるようになったころには、3人の子どもたちのやり取りも、一対一からしだいに一対二へ、そして複数の人へのかかわりをもとめて他学級、他学年とのかかわりへと広がっていった。

(2) 相談支援活動3年間—ケアの必要性の実感

3年めになり、相談支援件数が増えてきていることは明らかであるが、これは学級担任一人ひとりの「児童理解の視点」が変わってきたことによるものが大きいといえる。毎月1回行われている授業研究協議会では、教師のかかわりが、子どもの聴き合う関係、学び合う関係をどのように育んでいっているかに視点を置いてきた。教師一人ひとりが、その積み重ねによって、潜在的に存在する課題をキャッチすることが、ある程度可能になってきたのではないだろうか。そして少しずつではあるが、教室という場が柔らかく温かい空間になってきているように私は感じていた。

4年めになると、一学期いっぱいは一年生を中心に保健室で過ごす子もいたが、夏休み以降は常時保健室で過ごすという子はいない状況になった。子どもはそれぞれ背景に何かを抱えながらも、担任教師と級友のいる教室に居場所を見つけられているのかもしれない。

支援の内容は、子どもとのかかわり・母親への支援・担任への支援・相談機関との連携とそれぞれのケースによってさまざまである。養護教諭が子どもと直接かかわらなくても、学級担任と連絡を取り合いながら母親への支援を続けることによって、母親の不安が解消し子どもも落ち着いていったというケースもある。そのようなケースがむしろ増えてきていた。また、支援が具体的に始まる以前から、その兆候はあったのではないかと思われるケースの存在が見えてきた。低学年のうちに母親が疑問を感じながらも、周囲の「そのうち、大丈夫よ…」という声に期待を寄せてきたことに後悔しているという母親の話もあった。これらのことは、〔母親の子育て不安を受け止める必要性〕と、〔低中学年のころからの潜在的な課題が高学年になってから顕在化する〕ということを教えてくれたように思う。

さらに、一人で抱え込むことの限界と危険性を再認識するとともに、学級担任の「何か背景に抱えているものがあるのかな…」「悩み迷いながら接しているのだけれど…」という段階で早期にケアしていける、浜之郷小学校としての体制を考えなければと思った。

(3)キャッチ力を高める―ケアケース会

3年間を振り返ったとき、それまでの支援というのは課題が顕在化してからの対応だったのではないかと思う。つまりそれは、子どもからのSOSというより、教師や親からのSOSからスタートしていたのではないかということである。子どもをとりまく状況の深刻化を感じれば感じるほど、早期に子どものサインやシグナルをキャッチできるよう、教師の感度を高めていく必要性を感じた。

では実際にはどうすればいいのだろうか。講演会を開いたり現状を報告し合ったりしたこともあったが、一見共通理解を図っているようで、一人ひとりの教師のキャッチ力が高められたのかというと、正直いって難しかった。顔も名前もわからない「ある子どもの事例」やマニュアルのようなものを通して学ぶのではなく、その子の表情や声やしぐさを知っている「目の前にいる子どもの理解を深めること」の体験が大切なのではないだろうか。その体験を積み重ねていくことによってチャンネルを増やし、感度を高め、『キャッチ力の向上』を図れないだろうかと考えた。そのために各学年を母体としたケアケース会を継続的に行っていったのである。

平成13年度のケアケース会は、子どもは日々の小さな事実の積み重ねのなかで育っていることを考え、日時を定例化したりメンバーを固定したりせず、必要性を感じたときにすぐ機能する体制にした。学級担任や学年の依頼があればいつでも開けるが、授業や教室での様子を通しての話し合いとなる。また担任が希望すれば、県立茅ヶ崎養護学校教育相談部の先生にもかかわっていただいている。ケース会が少しずつ定着してきた平成14年度からは、毎月1回定期的に行われるようになった。

(4)ケアのある教室　～山﨑教諭の授業を観て～

ゆたか君が三年生になった年の6月のある日、休み時間が終わっても「教室なんか絶対行くもんか！」と言って保健室の運動場側からの出入り口ですねていた。このときがはじめてのことではない。一年生のときから、すねるとてこでも動かないところがあった。そして算数は得意だが、絵をかいたり、とくに国語は苦手で大嫌いだった。気持ちが向かないときは、床にひっくり返ってゴロゴロしながら「つまんない！　つまんない！」を言い続けたりして、1時間の授業をいすに座ってということはなかなか難しかった。そして学年が上がるにつれ、友だちとのトラブルが増え、教室を出て行ってしまったり、保健室に長居をすることもたびたびあった。一緒に遊びたいのに、自分の思いどおりにならないと言動が攻撃的になるため、周囲の子どもたちが引いてしまうようになっていった。

そのような状態が三年生になっても続いていたのだが、いつしか教室を出てしまうことも少なくなり、たまに廊下で会うと声をかけてくれていい表情が見られるようになった。

そして7月16日、国語の授業を観る機会があった。その日の朝、山﨑教諭が書かれた指導案を読んでまず驚いたことがあった。指導案には次のようなことが書かれていた。

～詩を楽しもう～　国語科　「こだまでしょうか」　金子みすゞ

1．みすゞさんの詩にふれて

これまでに『だるまおくり』『わたしと小鳥とすずと』を授業で取り上げ、子どもたちと共に読んできた。

『だるまおくり』は運動会での出来事が綴られた詩である。勝ったチームが「ばんざあい。」と大喜びをしていたが、やがて、それをだまって見ている負けたチームがいることに気づく。そこには、みすゞさんの温かい眼差しがある。

子どもたちは、少し前に運動会があったこともあり、自分の経験と重ね合わせて読んでくれたようだった。勝った喜びと負けた悔しさは必ずあるものだし、互いにその場で相手のことを考えることは難しいことだ。でも、『だるまおくり』を読んだことでそういう見方があることを子どもなりに感じていたようだった。負けたチームを思いやる言葉がたくさん出てきた。（以下省略）

3．私・子どもたちと本授業に対する思い

先日、学年集会が行われた。集会が始まる前、私は子どもたちに向かって「ドッジボール大会ではクラス同士の勝負になるけど、勝っても負けても気持ちのいい大会にしたいね」と伝えた。すかさず、いさお君とゆたか君は「だるまおくりでしょう」と言ってくれた。

これには驚いてしまった。ただ、気持ちよく終われるようにと伝えておきたかっただけで、子どもの声は何も期待していなかったのに、それが言葉を返してくれたうえ、みすゞさんの詩と結びつけてくれたのだ。本当にうれしかった。（以下省略）

この部分を読んだとき、思わず名前をもう一度確認してしまった。大嫌いな国語の時間に勉強したことが、生活のなかに生きている。しかも、勝敗にこだわるゆたか君の口から、その言葉が出てきたということが驚きであり、授業が楽しみであった。

そして三校時。教室に入ってみるとゆたか君は椅子に座ってはいるものの、いつものように口にはビニール製のペンケースをくわえ、口から出したり入れたりしていた。しかし、山﨑教諭の

「始めていいですか?」の声に、ペンケースを口からはずし、みんなと一緒に「いいですよ!」。続けて山﨑教諭の「国語で夢中になろうね!」の声にも「は〜い!」と答えた。ただ手悪戯をしたり、キョロキョロしたりして、なかなか落ち着かない様子だった。ところが山﨑教諭が黒板に紙をはりだすと、自分から声をだして読み始めた。

こだまでしょうか

「遊ぼう」っていうと
「遊ぼう」っていう。

「ばか」っていうと
「ばか」っていう。

「もう遊ばない」っていうと
「遊ばない」っていう。

そうして、あとで
さみしくなって、

「ごめんね」っていうと
「ごめんね」っていう。

こだまでしょうか、
いいえ、だれでも。

全員で音読が終わったあと、山﨑教諭の問いかけ一つ一つにゆたか君は呟いていた。
先生「（紙を指し）国語の物語とか詩でこういうところを大事にしてきたよね」
ゆたか「一連、二連、三連…」
先生「そうすばらしい！　いくつあるの？」
ゆたか「六連！」
先生「誰が書いた詩でしょうか？」
ゆたか「金子みすゞさん！」
先生「こだまってどういうこと？」
ゆたか「森とかに行って大きい声を出すと、木にぶつかって声が跳ね返ってくる」

このあと山﨑教諭は、一人ひとりが詩と向き合い自分の〈?〉を見つけ一人でゆっくり考え、考えたことを紙に書くように指示し、そのための時間を長めにとった。ゆたか君は『もう』の部分を丸で囲み、しばらく考えている様子だったが、なぜそこが気になるのか自分の言葉で表現できないでいた。そのうちあくびが出て、鉛筆を転がして遊び始めた。

そして話し合い。

さとる「遊ばない　のところだけが、最初に『もう』がついている」

ゆたか「同じ！　同じ！」

この時点で、先ほどまでの鉛筆を転がして遊んでいたゆたか君ではなくなっていた。さらにゆたか「このこだまで跳ね返ってくる言葉は、言葉が違うと思う」と続けた。

そして山﨑教諭は「ゆたかの言葉を大事にしてもう一回音読してみようか」と言った。

音読が終わり再度の話し合いに入った。

ゆたか「これって一人なの？　それとも友だちがいるの？
　友だちが遊ばないって言ったんじゃないの？」

こうじ「遊ぼうって言って遊んでたのに、なんで〝ばか〟っていったの？
　遊んでたのに…」

話し合いが続いていくうちに、ゆたか君は椅子に膝立ちして上半身は机に伏せる格好になりだした。山﨑教諭が「お話していいですか？」と聞いても椅子に座ろうとしなかった。山﨑教諭はゆたか君が自分から座るまで待っていたのだが、それでもなかなか座ろうとしない。そのとき山﨑教諭はゆたか君に「ゆたか、お尻を椅子につけたら、もっといい考えが浮かんじゃうなぁ！」と声をかけた。そしてゆたか君はその声に反応してすぐに座りなおした。ここでも授業から離脱しそうなゆたか君を、山﨑教諭は上手に引き戻した。

授業の終盤、山﨑教諭は子どもから出た一番大きな〈?〉を考えてみようと言った。

先生「これはこだまなの？　こだまではなかったの？」
あつし「こだまでしょうか？　ってなってるよ」
せいこ「でしょうか？　ってどういう意味？」
のりお「でしょうか？　ってことは、違うってことじゃない？」
ゆたか「金子みすゞさんは、みんなに〈?〉を出したんじゃない？」
いさお「詩を読む人全員に！」
先生「みんなに〈?〉を出してくれたんだね。〈?〉をいっぱい考えてどうなった？」
ゆたか「解けていった！」

この授業は開校当時から言われてきた〈山﨑ワールド〉ともいうべき、いつもの柔らかくしっとりとした授業ではなかったのかもしれない。しかし、さまざまな背景を抱えた子どもが何人も在籍しているなかで、どの子も受け止めてもらえる安心感があったと思う。

学習面で課題を抱えてきたまゆみさんは、なかなか発言するのに自信がもてず手を挙げようかどうしようかずっと迷っていた。そして私の方を見て「どうしよう…?」と目で訴えるまゆみさんに、私は「大丈夫!」とサインを送った。そして「(やっとの思いで手を挙げたまゆみさんに)山崎先生が気づいてくれますように…!」と祈るような気持ちで見ていた。十人近くの子どもが手を挙げていただろうか。山崎教諭はすぐに気づき「まゆみ、聞かせてくれる?」と発言を促した。まゆみさんは小さな声ではあったが「ほんとはね、ばかって言いたくなかったんじゃないかなぁ」と答えた。山崎教諭は大きく頷きながら受け止め、ホッとしたように椅子に座ったまゆみさんはうれしそうだった。

4月に転校してきたまさし君は、やはり言動が攻撃的なため、ゆたか君と何度もけんかになっていた。この授業中も、前半は一生懸命音読していたが、『あすぼう』という読みを周囲の子から『あそぼう』と聞こえたと指摘されて憤慨し、暴言を吐くような場面もあった。そしてしばらくの間ふてくされていたが、山崎教諭になだめられ、授業に再び参加した。

ゆたか君は自分の考えを言葉で伝え、それを先生にも友だちにも受け止めてもらい、さらに友だちの意見に共感もしている。このような経験の積み重ねによって、ゆたか君は〝自分の気持ちを言葉でうまく表現できずに手が出てしまう〟ということが減っていくのではないかと思われた。授業終了後「ゆたか君、たくさんいいことお話していたね」と私が声をかけると、照れくさそうにしていたがとてもうれしそうだった。

この授業には後日談がある。夏休みに入ってすぐ行われた三者面談の日、面談を終えたゆたか君とお母さんが私のところに寄ってくださった。そしてこの授業の様子を伝えたところ、「あれだけ国語が大嫌いといっていたのに、はじめて漢字が得意になりたいと家で言ったんですよ」とお母さんが教えてくださった。

「親の背を見て、子は育つ」というが、担任が一人ひとりの子どもに対する接し方を、クラスの子どもは実によく見ている。教師がその子にかける一つ一つの言葉やしぐさのとおりに、周囲の子どもたちもその子に接している。とくに課題を抱えている子どもに対しては、教師の接し方がクラスの子どもにとってはお手本となる。教師が待ちの姿勢を示していれば周囲の子どもたちも自然と待つことができるが、教師がせかすような言動をとっていれば、子どもたちもその子に対して苛立ちを感じるようになってしまうだろう。教師が常に注意ばかりしている場面が多ければ、子どもたちもその子ばかりをせめてしまうだろう。しかし教師が柔らかく暖かい言葉かけをくり返していれば、周囲の子どもたちもその子の言動を受け止められるようになるだろう。そして子どもたちが子どもを支え、またそのかかわりのなかで子ども同士が育っていく。その子どもの育ちを肌で感じ、教師もまた育っていくように思う。

⑸子育て支援の視点から　～「ふれあいコンサート」～

平成14年4月25日、浜之郷小学校ランチルームで《こんのひとみ　ふれあいコンサート》が行われた。こんのひとみさんは、二児の母でありシンガーソングライターでもある。平成13年には、自作『パパとあなたの影ぼうし』がＮＨＫ「みんなの歌」4～5月の曲に選ばれ、太田裕美さんの歌唱で放映された。マスコミにも取り上げられ、さまざまな方面で大きな反響を呼んでいる。

開校以来、教職員はみんな、学校のなかに子どもが安心できる居心地の良い空間、子どもにとっての居場所を常に考えてきた。そして教師は子ども一人ひとりの声やつぶやきを大切に、それを引き出しつないでいく授業を心がけてきた。そこに生まれる空気は文章や話ではなかなか伝わらない。その場にいて伝わってくる空気や気配なのである。私自身が少しずつそれを感じるようになってきた。同時に一方では、私は保健室が子どもだけのものではないことをますます強く実感していた。何人もの母親の話を聞き、それぞれの悩みや不安に母親自身が押し潰されそうになっていることを肌で感じてきた。

そして保健室と教室で私が感じるようになったこのことは、こんのひとみさんの「大きな声にかき消されてしまいそうな、一人ひとりの小さな声に耳を傾けたい…」「心のなかに詰め込んだいろいろな思いを吐き出してもらえる穴ぼこの存在でありたい」というメッセージと同じなのではないかと、私には思えた。

そして、母親の気持ちに寄り添い元気をもらえるような歌との出会いを設けたいという気持ちになった。一つ一つの言葉を大切にした、優しく暖かいメロディーに、親も教師も一緒に耳を傾けたいと思ったのである。

コンサートのなかでは、『ポエトリーリーディング』という時間が設けられている。それは会場にいる人が、こんのさんの歌やお話を聴き、そのとき感じたままを文章に書いてもらい、その場でこんのさんが音楽に合わせて朗読をしたり、メロディーをつけて歌ったりするという時間である。すべて名前は伏せて読み上げられたのだが、校長先生のメッセージだけは名前が紹介されて読み上げられた。

～大瀬校長からのメッセージ～

〈浜之郷小の子どもたちへ〉　　～メロディーつき～

明るく　元気でいること　ないよ
弱くて　泣き虫でも　いいよ
あなたたち　一人ひとりの居場所があるように
私たち先生も頑張るから
明るく　元気でいることは　ないよ
弱くて　泣き虫でも　いいよ

エンディングの曲では、校長先生が開校以来4年間撮り続けられた子どもたちの表情が大きなスクリーンにスライドショーで映し出され、コンサートは終了した。

そして平成15年度も、こんのひとみさんにコンサートに来ていただくことができた。

(2) ケアケース会による学校づくり

研修主任　福谷秀子

⑴子どもたちに対するキャッチ力の必要性

平成13年度よりケア授業研究会が始まった。三年生を担任して保護者からの申し出もあり、一緒に譲治君の日々の生活を見守っていくこととなった。気になる言葉や行動が見られたときはその原因は何かを考えるようにした。わからないときは、お母さんにうかがう。そのくり返しであった。もちろん、ケア授業研究会でも話題にした。私の見解を話したうえで、学年の教師から授業を通しての譲治君の様子や普段のかかわりから気づいたことなどが出される。養護教諭の於保先生も別の視点から気づかれたことを話される。それらから、私が気づかない譲治君のことが出てくるのである。

担任がすべてを知っているわけではないことは承知している。しかし、このことはとても新鮮であった。担任だけでなく、複数の大人が譲治君を見つめていることを感じた。話が進むにつれ、専門家の立場からは神奈川県立茅ヶ崎養護学校教育相談部の瀬戸ひとみ先生から、私と学年の教師に対して「子どもの言動の受け止め方」について話していただいた。そこで、私は気負っている自分に気づかされた。無意識のうちに「担任である」ことで見方が狭くなり、力が入っていたのであろう。肩の力を抜いて、「譲治君に寄り添う」気持ちをもとう…、教師ではなく譲治君の視点になって考えようと思ったことを覚えている。

譲治君のことが出発点であったが、さらに私がケアケース会の意義を強く感じたことがある。それは「気になる子」に気づくことではなく、シグナルも発していなくてクラスに馴染んでいると思っていた円ちゃんに対するものであった。「円ちゃんは、授業に参加していなかったわねぇ」と指摘された。たしかに授業中発言することは少なく、積極的な参加はないかもしれない。でもどこで？…と思った。授業中にそこにいるだけではなく、「学んでいること」を大切にすること。これは難しかった。

そこでまず席の位置を変えること、具体的な作業に入るとき一声かけることなど、すぐに取り組めることから始めた。何気ないことであるが、「学び」のなかからちょっぴり離れていた円ちゃんは、となりの友だちを意識して少しずつ授業に向かうようになっていった。また担任が毎日のクラスの振り返りとして「指導の記録」もこの年から始まっていた。ここに気になったことやその日の出来事を簡単に書き留めることで、担任の子どもたちに対するキャッチ力を磨き、高める一つの手立てになっていた。子どもたちのことを記すのだが、実は担任自身のそのときの見方、こだわりなどがそのまま出ているわけで、何に「心砕き」をしているか、一読瞭然であった。これも円ちゃんと私の行動の振り返りをするのに役立った。

(2)チャンネルの多局化をめざして

ケア授業研究会は、学年すべての担任が行うので、他クラスの子どもたちの様子をさらに知る絶好の機会となる。ここで大事なのは「大変さ」や「愚痴り」を共有するのではなく、その子に何が必要なのかを明確にすることである。担任が自分の見方を広げ、学ぶこと。そして、それを実践してみようと意欲をもつことが大きいのではないだろうか。事実、私はそうであった。ほかのクラスの事例を聞き、共に考えているうちに、わがクラスの麗子ちゃんや和朗君にも言えること？　と気づくのである。そして私の疑問をその場で出すと、ほかの教師からさまざまな見解が出されるということが何度もあった。こうなると毎回が自分の「学びの時間」にもなっていった。

さらにキャッチ力も高めなくては「気づけない」ので、いつもと違う言動があると丁寧にその子を見つめ、声をかけるようになっていった。私はその子とおしゃべりをするだけでも子どもの気持ちは和らぎ、何も聞かなくても「今日ね、お兄ちゃんと出てくるとき、大げんかしたの…。あったまにきちゃった！」と話し始めた紘子ちゃんもいた。一人では気持ちの整理がつかない子でも、学校に来て発散することができればこんなうれしいことはない。ケア授業研究会は、自分の「いま」のキャッチ力を自覚し、子どもたちの「いま」を理解する絶好の機会であった。

平成14年度からは学年授業研究会が定例化した。ケア授業研究会の意義は感じていたので定例化されることはありがたかった。私は6年生の担任になった。学年で希望して瀬戸先生をお迎えし、授業や休み時間の子どもたちの様子を通して学年で話し合うことを続けた。私の学年授業研究会のときに、沙也香ちゃんのことを見て欲しいと授業前に伝えた。複数の目で沙也香ちゃんの授業中の様子を見てもらい、私がそこから学びたかったのである。

放課後の話し合いで、まず「いい表情をしていましたよ」「一生懸命、授業に参加していましたね」と言われた。私以上に沙也香ちゃんに寄り添って見てくれているのだと思った。そして「授業の前半は一生懸命、先生に指名してもらいたくて手を挙げていましたね。でも途中から難しくなったのか、手が挙がらなくなってしまったのです。やはり意欲をもっているときに指名してあげると、沙也香ちゃんもあの時間、頑張ったなって思えて、またやろうと思うのではないかしら…」と話された。そう、たしかに沙也香ちゃんが笑顔で手を精一杯伸ばしていたのを私は気づいていた。しかし指名することはなく、授業は進み、そして後半の彼女の変化には気づかなかったのである。たしかに、指名することで沙也香ちゃんは「できた」という思いをもち、「また次の授業でも一生懸命聞こう」という意欲につながっただろう。友だちも沙也香ちゃんが授業で発表する姿を見て、「努力している」と認める機会にもなっただろう。授業のなかで、一人ひとりの子どもたちが輝けるときをいかに提供できるかが、「学ぶはば」のあるものであることを痛感した。

担任の視点だけで見るのではなく、学年の教師をはじめ、於保先生、瀬戸先生に見てもらうことも担任に新たな視点が加わるきっかけになる。そして学年内が忌憚なく話せるようになることが、子どもたちの小さな変化にも気づき、対応できるのではないだろうか。沙也香ちゃんの人柄もあるが、私以外の教師からもよく声をかけてもらい、自分のことを話すので「楽しく」学校生活を送ることができ、ちょっぴりいやなことがあっても気持ちを切り替えて過ごすことができていた。

沙也香ちゃんのことではもう一つ、心に残っていることがある。それは、やはり学年授業研究会で「授業中具体的に、その場で確認することが大切ですよ。沙也香ちゃんに向き合って説明すればわかることがあるでしょうね」と言われた。「向き合ってか…」と自問自答しながら何日か過ごした。そしてその実践の日はやってきた。授業研究協議会の日に私は社会科の授業をした。家のイラストから気づいたことを子どもたちが発表して、意見のすり合わせをしていくものであった。授業が始まってしばらくして笑顔で沙也香ちゃんが手を挙げた。その内容は授業の大筋からは離れるものであった。そのとき、学年授業研究会での「具体的に、その場で向き合うことで…」が私の脳裏をよぎった。「ここだ！　沙也香ちゃんにいま、ここで考えてもらおう。クラスの友だちに支えてもらいながら…」と私は思っていると、友だちからも沙也香ちゃんの考えに対する意見がいくつか出された。沙也香ちゃんも考え、その様子を友だちも見ながらまた考えている。これは私にとってとてもうれしい光景であった。授業で沙也香ちゃんを支えている。いつもやんちゃな友哉君や研二君も発言している。そしてその後、いままで授業中に自ら発言することがなかった弘治君までが「ここがわからないんだ」と発言した。これも鳥肌が両腕に立ったほど私はうれしかった。

沙也香ちゃんが手を挙げたこと。そこで私が指名したことがなければこのような流れになったかどうかはわからない。ただ、沙也香ちゃんの発言をあの場面で取りあげるきっかけになったのは、学年授業研究会での言葉であったことは間違いない。あの子どもたちは「授業を通してつながること」の素晴らしさを感じていた。だからこそ、自分の意見を出せたのではないか。また聞けたのではないか。待てたのではないか…、と思っている。私も解決しようと力んでも越えられない壁があること、子どもたちからも学ぶことがあることを自覚したうえで、弱さをもった子どもたちに寄り添って関係づくりができるよう努力していくことを心がけるようになっていった。

子どもたちは一人ひとり違うので、指導のマニュアル化はできない。しかし、具体的な取り組みを重ねることでキャッチ力を高め、チャンネルを多局化することはできると考えている。教師の感度をよくすることが、子どもたちの感度にも影響しているような気もしている。

(3)「いま、できること」に取り組む

今年は担任から離れ、少し客観的に子どもたちを見つめることができるようになった。担任をしているときには感じなかったこと、教室とは別の顔を見せてくれる子どもたちと過ごしている。もちろん、学年授業研究会にも参加している。担任の思いを聞きながら、気づいたことを話し、また私も学ばせてもらっている。日々、さまざまなことで悩みつつも「誠実に」子どもたちと向き合っている担任の姿を見せてもらうと、私も自分ができることに取り組もうというエネルギーがわいてくる。

子どもたちを、担任だけで抱え込むのではなく、学校中の職員でまた保護者の方々も含めて見守ることを大切にしていきたい。そのことで担任の過度な負担をなくし、明日への活力を蓄えて子どもたちに向き合っていきたい。その基盤を確認しつつ、担任としてその子に寄り添えるのは「自分」であるという気概ももち続けたいと考えている。

本校に同僚として協力を惜しむものは、誰一人としていない。この信頼感は揺るぎないものであり、安心感を生み出すものと信じている。子どもたちにできる限り寄り添うために、本校にあ

るシステムを大いに活用し、自分のキャッチ力を高めていくことが私たちの職務であると考える。

本校にご尽力いただいている瀬戸ひとみ先生からご覧になった本校の取り組みについての文をご紹介したい。

(4)浜之郷小学校のケース会を考える――――茅ヶ崎養護学校　瀬戸ひとみ

①浜之郷小学校での相談活動開始

教育相談員として浜之郷小学校とのかかわりは4年。最初は、登校を渋りがちな一年生への対応に悩む保護者からの相談で、就学前から通っていたほかの相談機関から本校の教育相談室を紹介されてのことだった。次は、学校での生活や学習場面の様子が気になる五年生で、保護者の相談ニーズも非常に高いことから、浜之郷小学校からの紹介で相談を開始したケースである。このように、当初は、保護者と子どもが養護学校内にある相談室で面接を行い、相談員はそこで得た知見をもとに、担任と連絡を取りつつ学校生活を支える取り組みを行っていた。このような相談ケースでは、学校との情報交換や連携は、保護者の相談ニーズに添い、かつ了解を得ることが原則である。たいていの相談機関は同様のスタイルを採るが、保護者が相談機関の利用に至るのは、保護者や教師がほとほと困ってしまった状況になってからのことが多い。このころには、子どもの不適応（不登校、教室離脱、他害など）が固定化し、さまざまな要素が混じり合ってしまっているので、支援活動にはなかなか難しいものがあり、相談も長期化しがちである。

さて、浜之郷小学校とはその後、上述した相談ケースに関して、授業参観や担任との話し合いのために学校へ出向く折りに、相談ケース以外の子どもが話題に出されるようになってきた。学習が遅れがち、友だちとのコミュニケーションがうまくいかない、非常に落ち着きがなく学習活動に参加できないなどの子どもに対し、「個別の配慮や取り組みが必要だと思われるが、どのようにかかわったらいいか、保護者とどのように協力したらいいか」といった、担任自身の悩みが寄せられた。ここまでは、学校とかかわり合う相談員としては、普通の展開である。

②校内支援体制・校内ケース会に願うこと

教育相談員として、茅ヶ崎市内の小学校を訪れ、個々のケースに対応したり、学年単位のケース会に参加する機会が増えてきたが、いくつかの学校では、特別な配慮を必要とする子どもたちに対応するための校内体制を整える動きが見えてきた。そこで気になっているのは、これらの機会に話題にあがるケースは、担任の「困った」がきっかけになっていることである。担任の「困った」は人によって異なるし、「困った」ときの行動の仕方も人によって異なるので、必ずしも子ども自身のSOSを反映していないのではないかと思う。また、子どものSOSをキャッチしてからのケース会だとしても、やはり何らかの問題が生じてからの対応であることにはかわりがない。文部科学省のいう校内支援体制は、第一には、子どものSOSに積極的に応えるしくみであることがもとめられる。さらにいえば、何らかの配慮がなければ問題が生じる可能性が高い子どもたちなので、適切な配慮が提供されているか、子どもの学びは支えられているかを定期的にチェックし問題の発生を未然に防ぐしくみでなければならないと思う。校内の何らかのしくみをつくっても、検討の場に出されるケースが担任に任されるのであれば、担任のSOSには応えられても、子どものSOSに積極的に応えるしくみにはなりにくいのである。障害のレッテルはりにつながる、特別視は良くないといった声が上がりそうな気もするが、すべての子どもがそれぞれに合った配慮を必要としているのであり、すべての子どもを特別扱いするべきだと考え、担任がSOSを発していなくても校内のケース会に取り上げるようにして欲しいと願う。

③浜之郷小学校の学年ケース会の意義と思われるところ

浜之郷小学校の学年ケース会は、平成14年から毎月1回、定期的に確実に行われるようになった。毎月のケース会は、B男がちょっと気になっているという担任の話を受けると、授業のなかでのB男の様子を見合っておき（授業案や事例報告書などは用意しない）、放課後、B男のケースを中心に話が進む。担任からどんなことが気になっているのか、最近のエピソードや保護者からの情報などが出され、他クラスの先生からも、今日の授業やほかの場面での様子や、情報が提供される。あれこれ質問し合っているうちに、さらに多くの情報が掘り出される。やがてB男の家庭、学習、友だち関係など現状に関する整理が進み理解が深まってくると、取り組みの方針や手だてが見えてくる。

私は、浜之郷小学校のケース会の良いところはここから始まると思っている。B男を中心に授業を見合うのだが、ほかにも気になる子をそれぞれが発見すると、その子のことが話題に出される。担任も深いところで気になっていて何か微妙な感じを抱いたりしている場合、指摘を受けることによって「やっぱり気になりましたか」「そうなんですよ」「実は…」と、その子にまつわるエピソードや観察を話し出し、B男のケースに劣らない充実した展開になることがある。その日のメインであるB男の検討が終わったあと、少しほっとして出されるこのようなケースがとても多くて、先生たちの子どもを感じるチャンネルの多さや感度の良さにふれた思いがする。先生たちの感じる子どもの発信、たとえば、最近落ち着きがないように感じる、イライラしている、ボーッとしている、答えを間違えると泣く、けがをして保健室に来る回数が多くなったなどは、SOS信号としてはまだとても弱いもので保護者にも気づいていない場合が多い。この信号を敏感にキャッチした担任が気にかけて、よく目をかける（特別な手だてはしなくても）だけで、子どもは落ち着いてくることがほとんどだと思う。しかし、なかには特別な配慮や支援を必要としている子どもをキャッチする場合もあり、この段階から適切な支援を開始することで、この子が大変な困難さを経験したり不適切な行動を学習することを予防できていると思われる。

④学年で授業を見合い、ケース会をもつもう一つの意義と思われること

浜之郷小学校の一学期。一年生の先生たちは、子どもたちに人の話を聞く態度を徹底的に教え込んでいた。友だちや先生が話しているときは静かに聞くというマナーを、「静かにしましょう」と指示して教える以上に、先生が一人ひとりの子どもの言葉を、子どもと視線を合わせ、フムフムとしっかり聞く態度を示すことで教えていた。そして、「そうだねえ、Dさんは○○という意見

なんだねえ。このことについて、Eさんはどう思うかな」と、一人ひとりの小さな声をみんなに伝え、みんながそれをもとにさらに自分の意見を発言していく。Dさんも、Eさんも先生や友だちに話を聞いてもらえた満足感をたっぷり味わった表情を見せる。だんだん興奮してきててんでに発言を始めると、すかさず「Fさんの話がわかりましたか」と、聞く態度をもとめられ、少しずつ身についていく。一年生の最初に、話を聞いてもらってうれしいことや友だちの話を聞くことで次々と自分の考えが発展してくるおもしろさをしっかりと体験することが、この先の学び合いをどんなに豊かにすることかと思う。

カナダでの経験を思い出す。夏休みにキャンプしながらカヌーで湖沼巡りをするアウトドアレジャーのメッカである州立自然公園の公園センターへ、夜8時ごろからのスライドショー（アルゴンキンの蜘蛛とかいうテーマ）に家族連れ（親子3代が多い）が三々五々集まって来た。大学の学芸員の大人でも難しいかなというような内容だったが、全員が静かに聞きいり、質問タイムには、大人が率先して質問。子どもも質問。質問に対する質問。学芸員にも答えられないような質問にどっとわくこともあった。終了後、話しながらキャンプに戻る家族たち。いろいろなことに興味をもって欲しい、もっと勉強して欲しいという親の願いはどこでも同じだと思うが、このとき、「子どもは親の言うようにはならない、親のするようになる」という言葉が浮かんだ。

浜之郷小学校のケース会では、同僚の授業を見て学ぶ、見たことを率直に伝える、同僚の観察や意見に耳を傾け、意見をすり合わせることが行われるが、基にあるのは、授業を開き意見を求め学び続ける開かれた教師のあり方なのだと思う。学年ケース会に私のような部外者を毎回参加させるのも開かれたあり方を示していると思う。この先生たちの姿勢は、子どもの言葉に耳を傾け尊重すること（子どもから学ぶこと）につながる。子どもは、先生の聞く・伝える・学び合う姿を目の当たりにし、モデルにして育っていく。

(3) 事務職の学校づくり

学校事務　田部井勇夫

平成10年4月。希望がかない、私は新しく開校を迎えた浜之郷小学校に着任することができたのであるが、開校当初に学校長から配付された「学校経営の方針」は、これまでの学校のあり方と私たち自身のあり方を根本から見直すことを促す、きわめて斬新なものであった。この学校経営方針には、学校経営の中核となる基本方針や取り組むべき課題のほかに、分野ごとのめざす方向がそれぞれ示されていたが、そのなかで学校事務に関しても、「学校事務の全体へのかかわり」「予算編成の適正化」「事務室だよりの発行」「公文書公開制度への対応」「ファイリングシステムの確立」が、めざす方向として提起されていた。

従来の学校においては、学校事務の役割はおもに「縁の下の力持ち」の言葉に代表されるように、教育活動を陰で支える存在として語られることが多かったし、私自身も学校事務の役割をそのように受け止めている部分もあった。しかし、本校の学校経営方針のなかに「めざす方向」として示された学校事務の方向は、学校事務が脇役としてだけでなく、「学校を変えていく」「新しい学校を創っていく」推進力の一つとして学校経営に積極的に参画していくことを要請していた。

浜之郷小学校では、職員一人ひとりが責任ある主体として学校経営に参画していくことが求められているのである。

(1)「事務室だより」の作成

浜之郷小学校では学校教育システムの改革のひとつとして、朝の打ち合せを廃止することが当初より決められていたが、職員へ伝達しなければならない事柄が多い学校事務職員にとって、このことはたいへん困る事態であった。しかし校長先生はこのことを当然予測されていたようで、「事務室だより」の作成を再三私に勧められた。私は口頭での連絡と違い、文字で表すことをたいへん負担に思っていたが、それよりも苦労して書いたものが読まれもせずに捨てられてしまうのではないかという疑念を強くもっていたために、事務だよりの作成に乗り気になれずにいた。しかしながら打ち合せが廃止され、職員会議も効率化が求められるなかで、情報伝達の手段は「事務だより」というスタイルを取らざるを得なくなってしまった。このように私の事務だよりは、校長先生に背中を押されながらのスタートであったが、先生方の反応を気にしながら事務だよりを作った当初の心配は杞憂に終わり、私に感想などを伝えてくれる人も現れた。いまは私も日頃の「思い」や「感じていること」をそっと忍ばせながら事務だよりを作るよう心がけているが、「毎回ちゃんと読んでるよ」「保存しているよ」と私を励まし、元気づけてくれる人も現れている。それにしても、浜之郷小学校の教師たちは忙しいなか（本人たちに多忙感はないのかもしれないが）にあっても、同僚のことを理解し、協力しようとする姿勢が常にある。このことは開校のときから呼びかけられてきた自律性や同僚性が育ってきている結果であると思うが、改めて私は浜之郷小学校の教師たちを支援し、共に成長していきたいという思いを抱いている。

(2)学校事務への全体のかかわり

「事務」という言葉に苦手意識や雑務感をもってしまう教師たちの意識を変えていくこと。一人ひとりの職員がかかわっていかなければならない事務が存在することをこの言葉は意味している。学校で行われている事務は、そのすべてが事務職員だけで行えるというものではなく、たとえば出勤簿の捺印・休暇の申請・旅費の請求など、個人の責任のもとで行われなければならないことは多々ある。また文書のファイリングなども、一人ひとりがきちんとした対応を図らなければ、ファイリングのシステム自体が成り立たなくなってしまう。学校運営を円滑に推進していくためにも、学校事務に全員がかかわるという意識をもつことは大切であり、そういう意識が形成されていくよう仕向けていくことは事務職員の大きな役割である。その他、本校では自律した個人を育成していくための手段として、服務の厳正化を呼びかけているが、常に自己の服務の状態を確認しながら責任ある行動を取るようにするために、服務書類等の事務処理がスムースに運行するよう事務処理システムの改善を行ってきた。このシステムはそれぞれの書類を独立したカードとして取り扱うことによって、記入を容易にするためのものであったが、同時に記入から照合整理までを一日のサイクルのなかで処理することによって、整合性がより図られるようになっている。

(4) 校務主任として

校務主任の名称はあまりにも重い名称であると感じている。なぜなら一般的には「校務」という言葉は直接的な教授活動以外のすべての学校業務を示すものと理解されているのではないだろうか。しかし、本校でいう校務主任の役割は庶務・経理・管財・施設等、おもに学校事務に関連する部分の連絡調整の機能である。学校事務職員の職の位置づけは「事務長」「主幹」「事務主任」などが制度として位置づけられている地域もあるようだが、本校の校務主任という位置づけはあくまでも学校内部のものである。開校当初の校務分掌では一人一役のもと、私の位置づけも経理という表記しかされていなかったのであるが、学校事務職員の役割を考えたとき、一人一役の校務分掌に当てはめることは無理があることを訴え、校長先生に学校事務職員としての私の思いを理解していただいた結果、校務主任の役割をいただくことになった。実際の仕事としては文書の稟議や保管、経理や備品の管理、施設の修繕など学校事務に関連する事柄について、先生方や学校施設業務員さんと連携し、また調整を図りながらより良い学校運営をめざすことを主眼に取り組んでいる。

(5) 5年間を振り返って

大瀬校長語録のなかに「何をやってもよい、しかしその責任の主体も自分自身」という言葉があるのだが、本校では権限をできるだけ下ろし、個々人の裁量で物事に取り組むことができるシステムができている。しかし個人の裁量に委ねられた事柄は、その責任の所在も本人にある。このことは校長先生が何度も何度も言われた言葉であるが、やはり自律性を確立していく上で大変重要なことであろうと思う。従来はなにか物事を決める際は必ず何人かで相談し、協議を行い、何段階かの手順を踏んで決定する方法が最も民主的な方法として用いられてきたが、それは逆に責任の所在を曖昧にし、無責任な体質を醸成してきたことも事実であった。私は校長先生の言葉によって改めてこの事実に気づかされたのであるが、まさに自律性を拒む体質が長年の経験のなかで身についてしまっており、理屈ではわかっていながら、いざ転換していくことの難しさを痛感している。

私は校長先生から提起された学校事務のめざすべき方向に取り組みながら、学校事務職員の役割や学校経営への参画について考え、考え、この5年間を歩んできた。いま、この5年間を振り返ってみると、私自身は「学校を創る」という言葉からはほど遠いところで、もがき苦しんでいたように思う。その一方で、学校に働くことの喜びや充実感が増してきたことも事実であった。めざすべき課題はなかなか達成できずにいるが、学校事務職員の役割や学校経営への参画についでは、待っていて与えられるものではなく、自らが積極的にかかわっていくことが大切であるということを感じている。そして自分がどのように学校づくりにかかわっていくのか、学校事務職員としての目標や努力点を明確にし、自分の思いを管理職や同僚たちに伝え、実行していくことが大切なのではないかと思っている。

学校事務職員は学校事務職員制度が成立して以来、職務内容が明確でないことや、研修制度が確立していないこと、ほとんどが1名配置であることなど、制度上の問題を多く抱えてきた。そして学校現場では、これら制度上の問題から派生したさらに複雑な問題を抱えている。しかしこれらの問題を乗り越えていくためにも、そしてより良い学校を創っていくためにも、学校事務の立場から学校づくりに向けて、積極的にかかわっていく努力をすることが大切なのではないかということを改めて思っている。

(4) 学校づくりのための外部の支援

学校長　大瀬敏昭

「学校は内側からしか変われないし、その改革は外部の支援なしには持続しない」という考えのもとに学校づくりを進めてきた。この外部とは、まず教育委員会であり、そして地域住民、保護者からの支援である。学校らしい学校づくりを進めるため、学校内部の問題として学校のシステムを変えるためにそれを阻害している要因を除去していったのが浜之郷小学校の学校づくりであった。しかし、いま考えると外部からの支援のあり方もたいへん重要な要素であったといえる。とくに浜之郷小学校の場合、茅ヶ崎市教育委員会の果たした役割は大きい。

浜之郷小学校は私学の建学の精神に相当する「創学の理念」を先に掲げ開校した。この「日本の公立学校史上希有のことである」と指摘される開校の経緯と、その後の学校づくりの様子を考えることで、教育委員会のおかれている状況と、さらには、支援する「外側」としての教育委員会が、ある意味において「学校らしい学校」づくりの阻害要因として作用している状況に迫れると考える。

ところで、茅ヶ崎市教育委員会が市独自の教育ビジョンである「茅の響きあい教育プラン」を策定し、その具体像を新設校に投影したこと、そしてその後もこのプランのパイロット・スクールとして支援していること自体、全国的にみれば注目すべきことであると考えられる。このように、市の教育委員会が、教育課程から人事にいたるまで、いわゆる「自己完結型」で新設校をつくり、支援したことは特筆に値する。これは、神奈川県の教育行政の大きな特色としてあげることができる。

神奈川県は、比較的大きな都市が多く、県内に横浜市、川崎市という大きな政令指定都市をもち、その他の各市町村でも概ね「自己完結型の教育行政」が行われている。つまり、教育課程編成においても、県費負担教職員の人事も、市町村教委の裁量と内申権が実質的に保障されている状況にその特長をみることができる。首都圏の都県と同様、神奈川県においても1960年代後半からの急激な都市化とその後の少子化は、教育行政や学校現場に数々の課題を生じさせている。しかし、教育課程編成と教職員人事における「自己完結型」の神奈川県の教育行政のシステムは、学校改革の可能性を期待できるものとして評価したい。少々手前味噌になるが、このような環境下になければ浜之郷小学校は誕生しえなかっただろうし、その後の学校づくりも不可能であったであろう。ここで、茅ヶ崎市においてなぜそれが可能だったのであろうか。

教育行政の地方分権化が進められるなかで、地方教育行政においても学校の自主性・自律性をいかした施策の展開がもとめられている。そして市町村教育委員会の果たすべき役割と責任は、各学校の自主的・自律的な取り組みを支援する方向で一層拡大している。

ところで、「学校らしい学校」づくりをめざすうえで、教職員の人事はたいへん重要な課題である。浜之郷小学校の開校にあたって茅ヶ崎市教育委員会は、先に「創学の理念」を提示し、それに呼応する教職員を全市的に募りスタッフをそろえた。ただ誤解しないで欲しいが、「優秀な」教職員だけを集めたのではない。「ふつう」の教職員で、創学の理念をもとに学校づくりに参画してみようという意欲のある人に集まってもらったのである。それは、市の教育プランをどのように具現化するかという施策展開の方法の一つでもある。つまり、プランの各段階の実施計画で市内の全学校を「アップ」していく方法ではなく、教育プランの具体像を一つの「典型例」として一つの学校に具体化し、市内の各学校にはそれをあくまでも参考として各自の特色ある学校をつくってもらおうと考えたのである。そのためにはこの人事構想が必要不可欠であったし、これなくしてはその後の浜之郷小学校は存在しなかったといっても過言ではない。そういう学校づくりに踏み切った教育長の英断には敬意を表するものである。また、それを可能にしたのは前述のように、教育課程編成と人事における内申権の保障という教育行政のシステムがその裏にあるからである。つまり神奈川県の教育行政における「県費負担教職員」に係る人事のしくみがそのことを可能にしたのである。

ところで、もともと市町村教育委員会は、「県費負担教職員の任免及びその他の進退の内申」、「教科用図書の採択」、「教育課程の学習指導用の専門的事項等を管理し執行すること」と、これを行使するにあたっての裁量権をもっている。このことから、制度上市町村教育委員会の教育は独自に展開できるしくみになっているのであり、都道府県教育委員会の役割は市町村教育委員会を支援することなのである。とくに、県費負担教職員の任命において、市町村教育委員会がその服務監督権を有することからも、内申権が実質的に行使されることがきわめて重要なことである。地方分権の推進および中教審答申に示される、地方教育行政の主体性の確立や個性豊かな学校づくりをめざした教育改革を推進しようとする時代の動向をみるとき、その要となる市町村の内申権は今後ますます重視されねばならないといえる。しかし全国的にみると、このことが制度どおりに行われているか疑問の残るところである。このことを中心に、「中二階的な存在」である都道府県教育委員会や教育事務所の存在が、市町村レベル、学校レベルでの改革を結果として阻害している実態がないかどうか考えてみる必要がある。

さらに、この実態を目に見えないところで支えている教職員の意識の問題にもふれざるをえない。義務教育学校の教職員の「市町村への帰属意識」は薄く、「県費負担教職員」を「県職員」と誤解していることの問題である。これが県費負担教職員にして「単に市町村に派遣されている」との誤解を生じさせ、それが都道府県の教育行政体系における学閥支配や教師の昇任人事等と密接にかかわっているという事実、そしてそれが都道府県教育委員会の権限を異常に増大させ、人事における市町村の内申権などのいわゆる「管理権」を侵害している元凶ではないかと考えるのだがいかがだろうか。

神奈川県の教育行政のシステムの特長としてあげた人事における市町村教育委員会の内申権の実質的行使が、「特色ある学校の出現」の条件として大切であり、このことなくしては浜之郷小学校は誕生しなかったと考えられる。しかしながら、その神奈川県においても「広域人事」の名のもとに、内申権に言及する動き（２００１年12月県議会答弁）があることも事実であり、このような地方分権・規制緩和の流れに逆行するような動きが地方教育行政の領域においては常に潜在的に存在することを忘れてはならない。そして、それを根強く支える学校文化、教職員の体質が長い時間にわたって醸成・保持されており、それが学校改革を阻む最大の要因であることを指摘しておきたい。

ところで、浜之郷小学校がある茅ヶ崎市では、平成14年1月、突如として近隣の3市3町による合併構想が浮上した。これによると、人口90万の政令市が出現することになるという。この構想が実現した場合、学校教育の面でどのような変化が現れるのであろうか。このことは、今後の学校改革を考えるにあたってたいへん重要であり、逆にそのことを考えることによりいまの地方教委育行政が抱える問題点も明らかになると考えられる。

茅ヶ崎市は現在、人口22万人、学校数小学校18校、中学校13校という規模である。筆者は、茅ヶ崎市教育委員会に長年籍をおき指導行政に携わってきた。この経験から、この程度の学校数が一地方教育委員会の行政推進として理想的なのではないか、というのが持論である。「教職員の顔」「学校の顔」が見える規模としては、これくらいが限度であり、逆に、これ以下だと、自治体単独の「配置換え」などの人事を行うに不都合を生じ、その結果、いわゆる「広域人事」に依存しなければならなくなる。このことが市町村教委の「内申権」侵害を招くことになり、結果として、市町村独自の特色ある行政推進を行うことも難しくなる。逆に、政令市になって、数百の学校を

「一つの教育委員会」で「管理」することの問題点も指摘したい。大規模になると、「教職員の顔」「学校の顔」が見える行政運営など行うことは困難になり、結果として地域における独自の教育行政の追求ができなくなることが予想される。独自のビジョンをもち、手づくりの自負とアイデアで教育行政を推進するためには、自ずと適正規模があるのであり、現行の「地方教育行政の法制」下では、政令市になってしまっては、学校改革や特色ある学校づくりを行うことは不可能であると確信する。

いずれにしても、合併によって「湘南市」が出現したならば、茅ヶ崎市独自の教育ビジョンにおけるパイロット・スクールとして学校づくりを行ってきた浜之郷小学校は、合併後数年でその使命を終え、「ふつうの学校」になってしまうことは、想像するに難くない。

その他の行政分野においては、合併の効果があるのであろうが、こと学校教育においてはなんらメリットはなく、ますます地方教育行政の疲弊を招くだけであると断言できる。地方教育行政推進にあたっても、学校づくりの「三つの原則」が当てはまるのである。

・第一は　Less is more（より少なく学ぶことがより多く学ぶこと）という原則

・第二は　Simple is better（カリキュラムと運営組織を単純化する）という原則

・第三は　Small is sensible（規模を小さくし繊細になる）という原則

この原則からいっても、「湘南市構想」は学校教育分野においては課題が多い。ただ、２００３年４月の統一地方選挙において、その構想を主導してきた他市の市長が落選し、もう一つの市も合併反対の市長にかわり、この構想は中断していることをつけ加えておく。

学校改革を外部から支援する教育行政機構の改革なくして学校の「内側からの改革」が生まれ出ることは期待できないのであり、浜之郷小学校がめざしているような「学校らしい学校づくり」は実現できないと考える。

コラム② 保護者の声、来訪者の感想

浜之郷小学校の開校から5年間を共に過ごし、熱心にかかわっていただいている保護者の方からの熱きメッセージをここでご紹介したい。どの記述にも、それを読む教師の思いは熱く成らざるを得ない。なぜかと言えば、この記述が浜之郷小学校の教師たちが誠実にかかわった一つの証だからである。

三年生保護者

陽差しそのものに、風そのものに、春の解放感いっぱいの1998年4月，私たちの新しい学校が誕生しました。可愛いアーチ型の屋根や木のぬくもりとひだまりの優しい教室は、子どもたちの期待にも十分応えてくれました。また、「学校改革」なる勇ましいスローガンには少し気は引けたりもしましたが、自由保育を実践する幼稚園に子どもを通わせた私は、浜之郷小学校が掲げる「学びの共同体」という教育プランに当初からまったく違和感はありませんでした。

子どもと教師と親が連携して共に学び合うという作業は、病や障害をもつ子どもが多く通うその幼稚園では、日常的なことであり、自分を守るため、生きるための手段でもありました。

私は教育者ではないので、すべてを把握していた訳ではありませんが、個人個人の自立を支柱とした教えは従順や強制ではなく、自律的に自分を統御していく「自主性」が唱えられていました。保育も特別なカリキュラムはなく子どもが自分でテーマを見つけ、先生やいつでも教室にいる母親たちの助けを得ながら、時間をかけ考え、理解し、解決する、形にするといった本人限定のこだわりの時間が設けられているだけでした。また、社会の人々の協力によって私たちは成り立つ「共に生きる」ということも学び、そして一人で生きる力（知恵・作法）を体得する場でもありました。──────浜之郷小学校は、それらすべての教育の延長でした。

校長先生や先生方の〝Ｗｅｌｃｏｍｅ〟に導かれ？　５年間が過ぎました。子どもの成長とともに年々高度で文化的になっていく学習作業に、親が加わることも少なくなりましたが、それでも学習参加と称して度々母を学び舎に招いてくれます。目下、私は母としての直感を信じて本能のままに子育てをしています。また、子どもが小さいうちは「ふれ合い」「共に生きる」ということを、肌で感じ取ってもらいたいと思っています。したがって学習参加の位置づけを、お互いの気持ちを汲み取る訓練とスキンシップ、そして、母としての直感のさらなるスキルアップを図る場としてとらえています。

いまはまだ母子間での学びに過ぎませんが、これから先も友だちや人と深くかかわり続けていくことにより、自発的に相手に共感する心や、互いに認め合い共に生きる必要性を認識していくのではないかと期待しています。

学習参加のテーマもさまざまですが、基本は達成感と満足感なので、偶然・必然を問わず、何かを発見することの難しさと楽しさを、子どもたちにとくと味わってもらい、大いにこだわり、心も頭も満たしてもらいたいものです。

母としましても、私の手を必要とする限りは、〝とことん〟差しのべるつもりでいます。腹を痛めたついでに、頭も手も心も痛める覚悟はできています。

当面、「おもいやり」と「意欲」を育てるのが総合学習の役割であると思っていますので、あまり先を見ず、現在の課題を一つ一つ丁寧に、こだわりをもって、そして楽しんで、ときには涙して学んでいきたいと思っています。

五年生保護者

何もなかった田んぼに学校ができて早いものでもう5年。開校と同時に入学した息子も私の背を追い越さんばかりの勢いです。あのころは桜も花がまばらだったのに、近ごろではつぼみをたくさん付け、入学式に花を添えるようになりました。

入学当初は、壁のない教室、鳴らないチャイム、魅力たっぷりのふれあいホール…と、従来の学校のイメージとはどうも違い、脱走は？　騒がしくはない？　時間のけじめは？　と心配することばかりでした。しかし、しばらくして学校を訪ねたとき、あまりにも学校が静かなので本当に驚きました。休み時間の楽しそうな笑い声や歓声と比べると嘘のようで、安心したことを思い出します。いまでも全校集会での静けさは、ほかに引けを取らぬものとひそかに喜んでいます。開校時から行われている朝の読書も私にはうれしいことのひとつです。

私自身、現校長の生徒として読書の大切さを学び、本が大好きになったこともあり、息子たちにも本に親しんで欲しいと思っていました。読んであげることはあっても、自ら本を読むことのなかった息子が本を開くようになり、いまではそこから得た知識の広さに舌を巻くこともあります。ほんの少しの時間であっても、静かにすること、本を開くことから、多くのことを学ぶ貴重な時間であることをいま改めて感じています。

素直で子どもらしく、人の話を聞くのがとても上手な郷小の子どもたちは、学校からたくさんの宝物をもらったようです。あっという間の5年間でしたが、先生方の努力で浜之郷小学校もたくさんのつぼみを花開かせているように感じます。開かれた学校として、気軽に足を運ぶことも多くなってきましたが、これまで以上に子どもたちのため、教師のため、学校のために、保護者や地域の方が学校にかかわりをもっていけたらと思っています。

六年生保護者

浜之郷小学校が開校したのは、平成10年4月のことでした。長男は二年生から（現在六年生）次男は一年生から（現在四年生）世話になっております。浜之郷小学校が開校する前、先生方はどんな人たちだろう。そしてお友だちはどんな人たちで、学校はどんな学校になるのかなと子どもとわくわく、そわそわして開校するのを待っていました。それからもう5年の月日が流れました。

すでに4回の卒業生が巣立っていき、現在700人近くの児童が浜之郷小学校で元気に学び、遊んでいます。子どもたちはとても明るく優しく、そして思いやりのある子どもたちです。

この5年間を振り返って見ますと、子どもたちはたくさんのことを経験・体験しています。まず、それぞれの学年やクラスによっていろんなテーマや課題を見つけてそれに沿って調べて発表したりしてるとこです。子どもたちは図書の本を使ったり、または家のインターネットを利用して調べたりしています。私も子どもの学習で市立図書館へ行っていっしょに調べたり、現地に出かけ、見たり聞いたりして、大人でも知らないことがたくさんあり勉強になったこともありました。調べたことをまとめてグループであるいは個人で発表して、みんなで意見を述べたり感想を話し合っています。ときには私たち保護者も学習参加という形で子どもといっしょに調べたことを聞くこともありました。子どもたちの観察力や発想の豊かさにはいつも驚かされます。大人もいっしょに同じことを勉強できることもとてもいいことだなと、思っています。これからも浜之郷小学校の子どもたちはいろんなことに、感動、発見してくれることと、期待しています。

そして、もう一つ浜之郷小学校の子どもたちのすばらしいのは音楽です。いつもすばらしい演奏や歌を聴かせてくれます。各学年ごとに合奏や歌を練習しています。そして、その練習の成果をときどき行われる音楽朝会で全校の子どもたちに披露しているのです。どの学年もみんな力を合わせて、演奏、合唱しています。そのまとめの成果を校内音楽会で地域の方や私たち保護者にも披露してくれます。毎回聴くたびに、みんな立派に堂々とやっているので驚きと感動でいっぱいです。子どもたちは音楽を通じて心を豊かに、そして優しくしているような気がします。これからもまた、たくさんの音や曲に出会っていくことでしょう。

大瀬校長先生をはじめ、職員のみなさまにもときには温かく、ときには厳しく、そして優しく子どもたちを見守り、接してくださり感謝しています。この5年間子どもたちは大きく成長しています。これからもまたいろんなことに興味をもち、発見していくことと思います。私たち、大人も子どもたちを見守っていこうと思います。

卒業生のみなさん、浜之郷小学校で学んだこと、（もちろん歌や合奏も）いつまでも忘れないでくださいね。そしていま、浜之郷小学校で学んでいるみなさんはこれからも、私たち大人といっしょに、たくさんの思い出をつくっていきましょう。浜之郷小学校はこれから羽ばたき続けるのですから。


キャサリン・ルイス（ミルズ・カレッジ教授・アメリカ）

アメリカの学校改革では、「どの子も置き去りにするな」というスローガンがしばしば語られます。しかし、この理想は、どのようにすれば実践できるのでしょうか。アメリカでは、この高い理想はあまり功を奏していないようです。

浜之郷小学校の学校全体で授業を開き、教師の省察を開くシステムは、教師たちに学校を内側から変革する体系的な手段を提供しています。浜之郷の教師たちが、「一人も学びの嫌いな子どもをつくらない」ように協同し、彼らの困難を分かち合い、他の教師の実践を問う姿を見たことは啓発的でした。教師たちは、授業に対する独自の個性的なスタイルをもたらし、「聴き合える関係」

を学びの基礎とする柔軟なタイプの授業研究を実践しています。したがって、この学校には「ベストの実践」の単一の処方箋はありません。そうではなく、浜之郷の教師たちは、日々の授業をとおして子どもたちを細やかに観察し情報を共有して、子どもたちが学び学校に望んで登校するよう導く授業を創りだす集団的見識を創造しているのです。

キティ・ボールズ（ハーバード大学講師）
とても感銘を受けました。アメリカの教師は孤立している状態ですが、浜之郷の先生方が協力しあっていること、親が学習に参加している状況をアメリカに持ち帰りたいと思います。またここにいる参観者の皆様もこのすてきな実践を学校に持ち帰り、日本中に広めてください。アメリカでも広めて、このことを伝えていきたいです。
アメリカでは、教える実践は閉ざされた個人的なもので、プライベートの空間で実践されているのをどう変えていくのか、模索しています。浜之郷で、教師がいかに自分の実践を反省するかということについて学びました。早く帰って今日のことを伝えたいと思います。

◎温かい雰囲気に安らぎを感じました。今日の研究会でやはり子どもに寄り添い、認めていくことが大切という姿勢でよいのだということを感じ、勇気がわいてきました。居心地のよいクラス、学校づくりが意欲を高め、学力を向上させていくだろうと信じつつ、これからも実践していきたいと思います。この学校に勤務し、研修を深めていける先生方、ここに通う子どもたちを羨ましく思います。
（静岡県　小学校教諭　女性）

◎教師や子ども同士が聴きあう、静かな学びの空間を実感できました。聴きあうことが発表より大切と校長先生が話された意味がよく分かりました。雑音がない、穏やかな集中、子どもたちにゆとりが感じられます。
（福島県　小学校教諭　男性）

◎先生方の授業、子どもたちへの熱意を感じました。子ども同士が向かい合い、伝え合う姿が自然で、魅力的でした。教室の中の認め合う雰囲気、それも「自分があって、あなたがいる」という、一人ひとりの子どもの「自分はここにいる！」という思いを十二分に発揮した中での通い合い、認め合う雰囲気がとても好ましく感じられました。
（静岡県　小学校教諭　女性）

◎浜之郷の体制は本当に羨ましく感じました。授業のことを教師同士お互いが「子どもの事実」という具体的なもので語り、現状を認め、子どもにとってよりよい学びができるにはどうすればよいか？子どもに真摯に向き合う姿に刺激を受けました。
（神奈川県　小学校教諭　男性）

◎子どもが「特別」な子どもでなかったのがよかったです。浜之郷の子どもたちは、「当たり前の」子どもたちでした。
（北海道　小学校教諭　男性）

◎子どもたちは自然の中で学び、保護者から学び、勿論友だちや担任からも学ぶ。「見えない気づき」があるということを知りました。
（兵庫県　小学校教諭　女性）

ご指導、ご支援にあずかった方々
この他にも多くの方がいらっしゃいます。

渡邉二郎教育長　　故藤岡完治先生
影山清四郎先生　　故添田高明前市長
田近洵一先生　　有田和正先生

【エピローグ】理想の学校づくり

学校長　大瀬敏昭

教師が、いくら子どもたちの「学びをつなげる」ことを標榜しても、教室に「安心と確信」が存在しなければ、本当の「学びをつなげる」ことにはならないだろう。その、安心と確信を子どもたちと教師と保護者ではぐくんでいくことは、本当に難しいことである。人はそれぞれに個性をもち、その個性がいつもフィットするとは限らないのである。また、子どもたちの置かれた状況も、たいへん厳しい時代であるということも忘れてはならない。そのような厳しい状況において、子どもたちにとって、安心と確信のもてる場所としての学校に少しでも近づいていこうというのが、浜之郷小学校の取り組みである。教師一人ひとりが、子どもたちと誠実に向き合い、誠実に学びと対峙し、そして子どもたちと共に成長していきたいという願いをもっての取り組みである。

最後に、その考えが十分編み込まれた浜之郷小学校の「創学の理念」を改めて紹介してみたい。

私は　あなたといます
　私は　あなたと　学び育ちます
そして　私は　あなたにつらなるたくさんの人たちと
　ともに　学び育ちます
あなたと　私と　そして　あなたたちと私たちが
　たがいに　心をくだき　学びあう
それが　浜之郷小学校の願いです

浜之郷小学校が開校して6年めを迎えた。私は、まだここにいる。それにしても開校前の茅ヶ崎市教育委員会在職中を含め、「地域からの教育改革」を掲げての教育プランの策定、そして浜之郷小学校の学校づくりに携わったこの10年間は、私にとって激動のときであった。ただアッという間に過ぎ去った「瞬間《とき》」のような気がする。しかし私の人生のなかでもっとも充実したときであった。

これまでの日本の教育の歴史のなかで、あるいは現職の教師のなかで、自分の「理想の学校」づくりに携わることができ、なおかつそれが実現できた教師が何人いるだろうか。私にはそれができた。なんと幸福なのだろう。このことにまずは感謝したい。

そして、私を支えてくれた浜之郷小学校のスタッフのみなさん、そして子どもたち、さらに学校づくりを陰に陽に支援してくださった保護者のみなさん地域のみなさんに、心からお礼を申し上げたい。さらに、未熟な私を見出していただき御指導いただいたうえに、理想の学校づくりのチャンスを与えていただいた前茅ヶ崎市教育長小出忠啓先生、私のわがままをいつもあたたかい眼差しで見守っていただいた現教育長渡邉二郎先生には深く敬意を表するものである。

本書の出版も前著同様、小学館プロデューサー宮腰壮吉さんには本書の編集に直接的にお世話になった。また、開校以来毎月本校に足をお運びいただき、懇切丁寧なご指導をいただいている佐藤　学先生には心から感謝申し上げます。

学校経営の基本構想図

私たちの構想する学校

学校はどういう場所なのか？

創学の理念

学びの共同体としての学校

私は　あなたといます
　私は　あなたと　学び育ちます
そして　私は　あなたにつらなるたくさんの人たちと
　ともに　学び育ちます
あなたと　私と　そして　あなたたちと私たちが
　たがいに　心をくだき　学びあう
それが　浜之郷小学校の願いです

教育方針

子どもたちが自分を再発見し、友だちを再発見し、
学ぶことの価値と意味を再発見して
『人生最高の6年間』を生み出す学校、そして、
その営みを通して教師も親もともに育ちあう
学びの共同体としての学校でありたい。

ケアと心くだき ―― 子どもの安心と確信

余　裕 ―― 教師の生きがい

課　題

教師の自律的連帯

～自律性・同僚性～

・校内研修中心の学校運営
・学校教育システムの改革
・ケアリングシステムの構築
・画一主義と権威主義の克服
・意思決定の様式改善

文化的実践としての学びの創造

～学びあう学び～

・授業研究の改革
・聴きあい対話しあう教室
・学びの履歴としてのカリキュラム
・カリキュラムの構成原理
・個性化と共同化

新しいコミュニティの創出

～多様で知的なコミュニティ～

・響きあう学びの創造
・学習参加の充実
・ケアリングコミュニティの確立

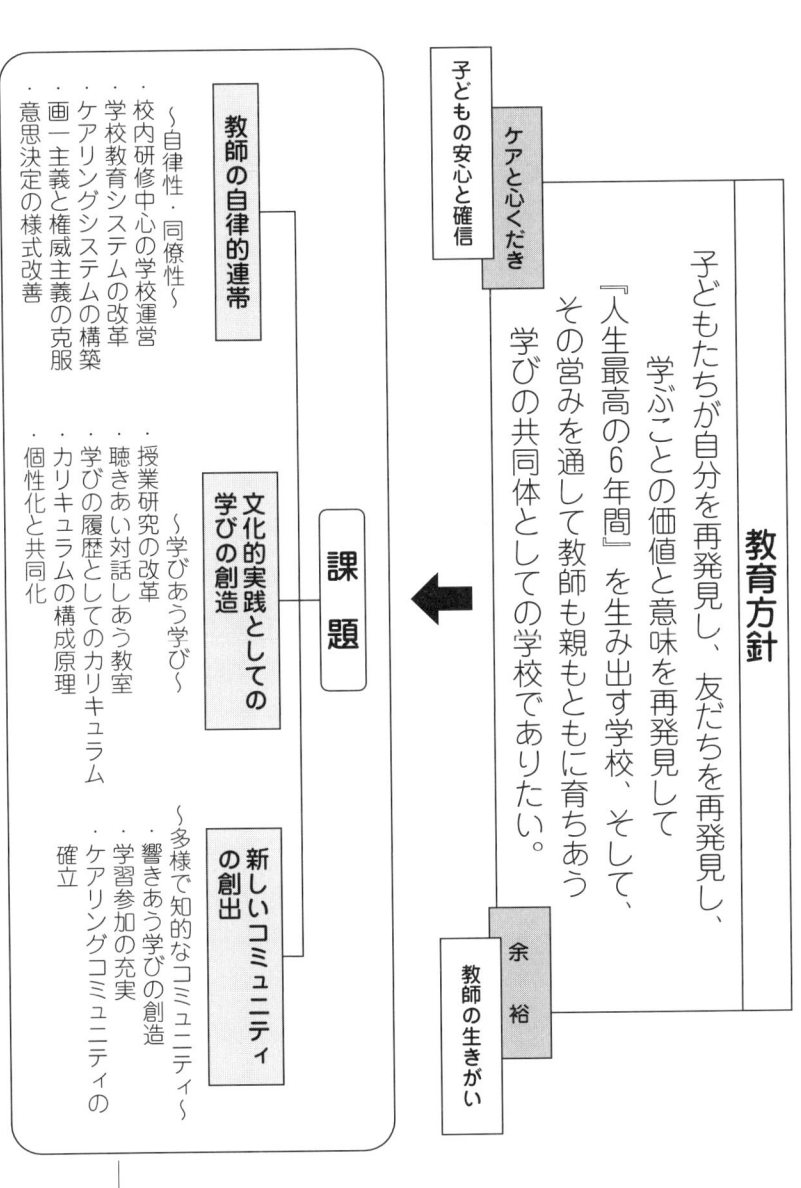

浜之郷小学校教育研究会（平成15年度）

学校長　大瀬敏昭　教頭　奥谷英敏
教務主任　尾﨑豊　研修主任　福谷秀子　拠点校指導教員　栗原幸正
養護　於保和子　事務　田部井勇夫
施設　夏苅裕二　学校事務　永井久子
栄養　鈴木美代子
給食場　川渕寿代　青木緑　伊藤麗子　西野富子　高橋千恵子

1年　上園良成　中西貴和子　岩壁園望　川野秀敏
2年　毛利祐子　川﨑達雄　増家佑美
3年　山﨑悟史　高橋正通　上條典子　三浦智代　加地順子
4年　長坂美代　森田潤一　赤﨑学　野呂淳子　矢田美恵子
5年　谷口克哉　入澤理恵　松永昭治
6年　小野公敬　伊藤誠一郎　浦山満江　堀内利紀　小出斉子
図書嘱託　木村千恵子　教科指導補助　斉藤みゆき

※子どもの名前はすべて仮名である。※掲載写真は本校教職員等が撮影したものである。
※本書での言葉・漢字等の表記は、教師一人ひとりの思いを生かすため、あえて完全に統一せず、原文に近くしてある。

◆茅ヶ崎市立　浜之郷《はまのごう》小学校

〒253-0086　神奈川県茅ヶ崎市浜之郷90番地
TEL　0467-87-6325

茅ヶ崎市立浜之郷小学校を勝手に紹介するインターネットホームページがあります。

このホームページは浜之郷小学校や茅ヶ崎市教育委員会とは関係ありませんのでご注意ください。関係機関に迷惑がかかりますので問い合わせはご遠慮ください。

学校案内、研究会の予定、研究発表の案内、セミナーのようす、研究のあゆみ、資料の紹介等があります。

ぜひ一度ご覧ください。

http://www.geocities.co.jp/NeverLand/2135/

君の笑顔が見たいから

作詞　こんのひとみ

君の笑顔が見たいから　僕はここへやってきたよ
勇気をなくしそうになったときは
いつも君のそばにいるよ

遅刻していく　通学路みたいに
ひとりぼっちで　どきどきするときがある
くじけそうになって　背中を向けて
引き返そうと　するときもあるけど
勇気を出して　ドアをあけると
君を待ってる　友だちの笑顔
君の笑顔が見たいから　僕はここへやってきたよ
勇気をなくしそうになったときは
僕のこときっと思いだして

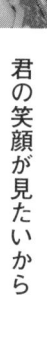

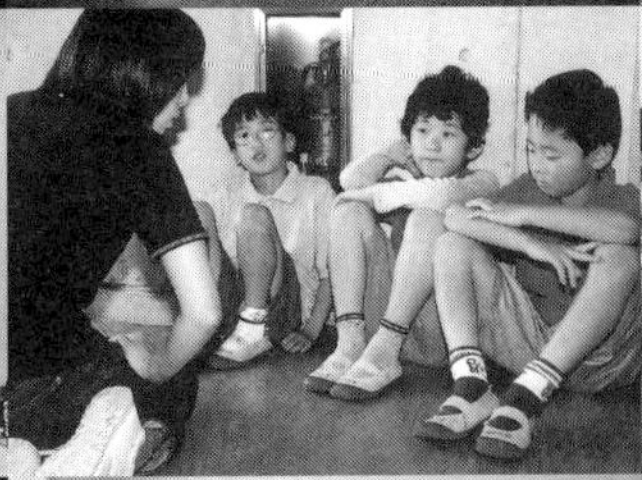

やり残しちゃった　宿題のことで
心が重くて　くよくよするときがある

何もかもが　いやになって
逃げ出したくなる　そんなときもあるけど

勇気を出して　小さな声で
ごめんなさいって　言えればもうそれでいいから

君の笑顔が見たいから　僕はここへやってきたよ
勇気をなくしそうになったときは
僕のこときっと思いだして

君の笑顔が見たいから　いつも君のそばにいるよ

◆大瀬敏昭（おおせ・としあき）
1946年生まれ。茅ヶ崎市公立小学校３校に勤務後、茅ヶ崎市教育委員会指導主事、神奈川県県民部青少年室主幹。茅ヶ崎市教育委員会指導課長を歴任。1998年、「茅の響きあい教育プラン」のパイロット・スクールである新設の浜之郷小学校初代校長として着任。「学びの共同体としての学校」を創学の理念に掲げ学校づくりに取り組んでいる。
近著に『学校を創る』（小学館　2000年）『学びの風景』（世織書房　2003年）。

◆佐藤　学（さとう・まなぶ）
1951年生まれ。東京大学大学院教育学研究科教授。教育学博士。
〈主な著書〉
『教育改革をデザインする』（岩波書店　1999年）
『授業を変える　学校が変わる』（小学館　2000年）
『学校を創る』（小学館　2000年）
『教師たちの挑戦』（小学館　2003年）　　その他多数

学校を変える―浜之郷小学校の５年間―

2003年12月20日　初版第1刷発行

著者代表／大瀬敏昭　　監修／佐藤　学

発行者　宮木立雄
発行所　株式会社　小学館
〒101-8001　東京都千代田区一ツ橋2-3-1
電話／編集　03（3230）5689
制作　03（3230）5333
販売　03（5281）3555
振替　東京　00180-1-200

印刷所　文唱堂印刷株式会社　　製本所　文勇堂製本工業株式会社　　Printed in Japan

ISBN4-09-837362-9